ちょんちょんの手

お婆の囲炉裏ばなし　第六編　全30話

平居一郎　著

もくじ

※本文中、現在では不適切とされる文言や、史実と異なる描写もありますが、本書の趣旨を鑑みそのままとしました。なお、方言をわかりやすくするため、例えば「捨《ふ》てる」「帰《い》ぬ」など作者の判断で、従来の読みとルビがちがう場合があります。また、古文書や、他の書籍等から、そのまま文を引用した場合は、原文どおりでルビや句読点がない場合があります。

（編集部）

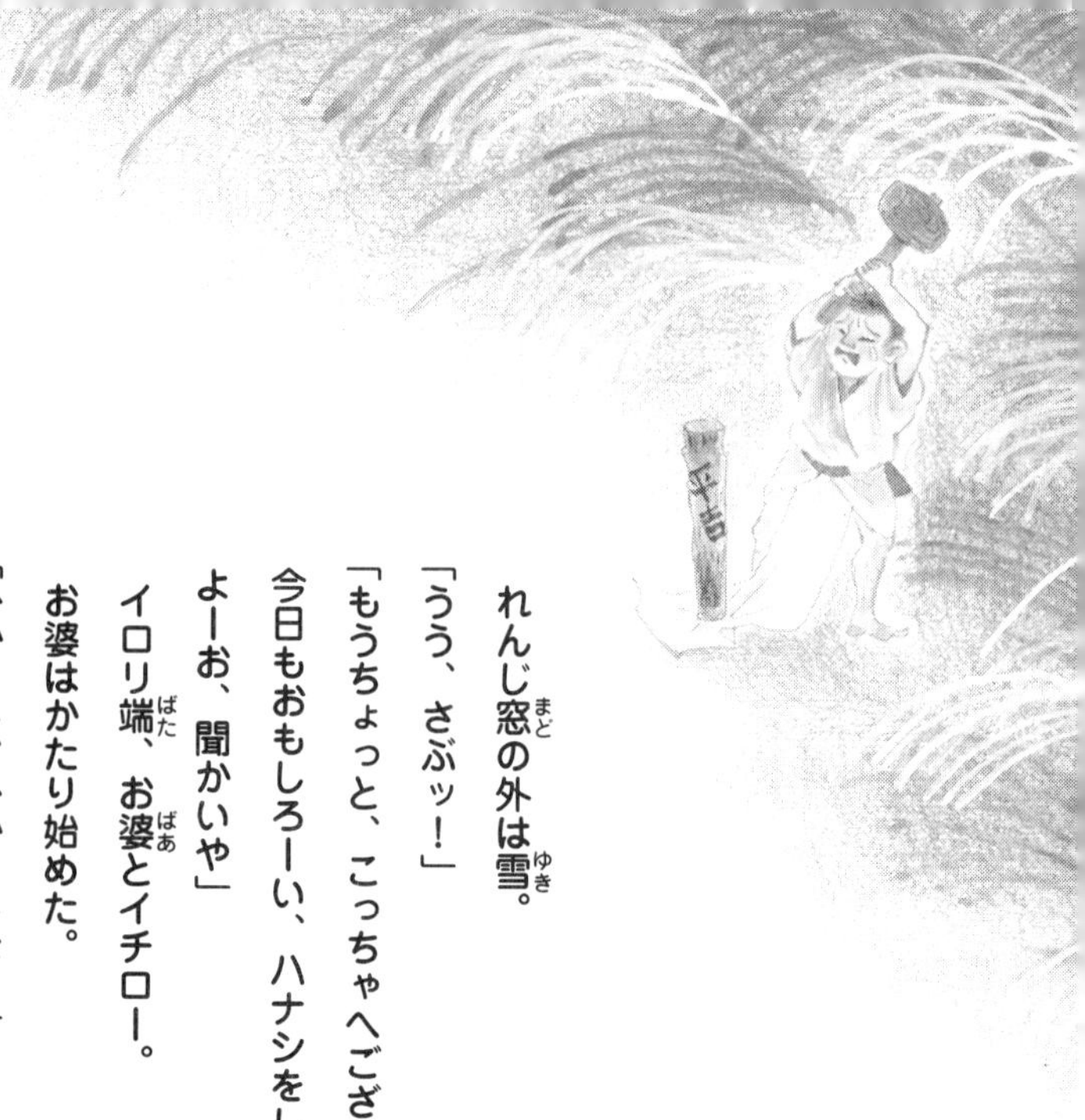

れんじ窓《まど》の外は雪《ゆき》。

「うう、さぶッ！」

「もうちょっと、こっちゃへござい。のくといほん。
今日もおもしろーい、ハナシをしたるさかいに、
よーお、聞かいや」

イロリ端《ばた》、お婆《ばあ》とイチロー。

お婆はかたり始めた。

「むかーし、むかーしな…」

イチローは、目を輝《かがや》かせてお婆の話にくいいった。

五の谷川が通学路

東近江市石谷町《いしたにちょう》の公民館前に昭和五十四年三月建立の「殉国碑《じゅんこくひ》」がある。その裏面には、この村の日露戦争以来の戦没者十二名の氏名が四列三段に刻まれている。その三段目の最後の二名は山田久司《やまだひさし》（当時国民学校二年生）と山田忠雄《やまだただお》（当時五歳）の兄弟で、ふたりは昭和二十年七月三〇日早朝、米艦載機グラマンの機銃掃射によって死亡したのだ。

その早朝、兄弟は集落の南にあった造福寺（現在は廃寺になっている）の広場でラジオ体操に参加していた。ラジオ体操は昭和四年から国民の精神高揚《こうよう》と健康増進を目標に、朝の七時からラジオで全国放送が開始されていた。

この時、けたたましく空襲警報のサイレンが鳴った。

「空襲警報の発令や。本日のラジオ体操は中止とする。みんな気を付けて急いで家に帰れ！」

と命令が出た。

ラジオ体操をしていた子供たちはいっせいに自宅に逃げ帰った。

その直後、アメリカのグラマン戦闘機が東近江の上空に姿を現した。山田兄弟の家は集落の一番北にあって遠かった。

空襲警報を聞いた母親のみよは、ふたりの兄弟が心配になり、迎えに行こうと門口を出た途端、上空からグラマン戦闘機が民家の屋根すれすれにおりてきた。母親は敵機が、ふたりの我が子を狙っているように見えたのだ。

「危ない！　早よ（家に）入《はい》らい」

母親が叫んだと同時に、グラマン戦闘機から銃声がして、ふたりの兄弟は倒れた。母親が上空を見上げると、搭乗員の米兵が「してやったり」とばかりに、ニタッとして、太郎坊山に向かって飛び去っていった。

弟の忠雄は肩から脇腹にかけて銃弾が貫通して即死。兄の久司は腹を射《い》ぬかれて血まみれの状態で村人が担架《たんか》にのせ、宮路病院《みやじびょういん》へ運ぶ途中で息が切れた。

「アメ公（アメリカ兵）は、女や子どもであれ、だれかれかまわず撃ちよるぞ」

そんな噂が、イチローの通学する東押立《ひがしおしたて》村国民学校にまで広がってきた。昭和二十年七月二十五日の早朝にイチローの住む中一色《なかいっしき》村の上空で日米合わせて二十数機で空中戦があり、日米各一機が空中衝突をして落下し、平松村《ひらまつ》の人家が一軒丸焼けになったばかりであった。これを機に、東押立村国民学校では「空襲警報が発令されたら叢《くさむら》に、じっとして隠れるか、敵機にみつからぬように五の谷川に入って通学せよ」との、校長命令がでた。

五の谷川は土手高だが、川幅は七、八メートルと狭い。その川幅の半分は石ころ河原で、水が流れているところでも子供の膝《ひざ》までくらいの深さしかない。しかも、川岸には大きな雑木と夏草が生い茂って敵機には見つかりにくい絶好の通学路になっていた。イチローの住む中一色村から川上の平松村に向かって川の中を歩き、下里村《しもざと》で土手に上がると、目の前が東押立村国民学校のグランドである。コイやフナ、アユを追っかけながらの通学路、退屈することは、まったくなかった。

「この川を通学路とせよ」との指示があったのは夏休み中であり、戦争が八月十五日に終わったので、イチローがこの川を通学したのは二度ばかりであった。

新学期が始まると、校長は全校生を講堂に集めて、

「子供が川に入ると危ないので、五の谷川を通学路にしてはならん」

と、戦時中とは、まったく正反対の指示がでた。

それから三十年あまりが過ぎた昭和五十三年、村で殉国碑建立の動きがあり、その時、遺族会役員であった藤沢喜八郎《ふじさわきはちろう》の提案で碑に二人の兄弟の名が加えられた。喜八郎はその空襲で犠牲になった兄の久司と一学年下《した》の国民学校一年生で、その時のラジオ体操に参加していた一人であった。

チョンチョンの手

栗見出在家村《くりみでざいけ》（現・東近江市栗見出在家町）に庄九郎《しょうくろう》と文太《ぶんた》、平吉《へいきち》の仲良し三人組がいた。三人は仕事をするのも遊ぶのも一緒、悪戯盛《いたずらざか》りの十五歳だった。ある日、三人は、市《いち》が立つ日を選んで八日市《ようかいち》（現・東近江市八日市）へ遊びに行った。八日市に着くなり平吉が、

「ここには新地《しんち》がある。わしら三人、そろそろ男になっても工エ年頃《としごろ》や。いっぺん、ひやかしてみようやまいかい」

「おっ、ほれはおもしろいな！」

話がまとまって、三人は新地に立ちよることになった。新地とは蒲生《がもう》、愛知《えち》、神崎《かんざき》、五箇荘《ごかしょう》などの農村地帯に囲まれた八日市の一角にある遊郭《ゆうかく》のことである。商店街からアカミチを抜けると、新地である。ニヤニヤしながら三人が新地に入った、とたんに赤ちょうちんがずらりと並んだ店から招き婆《ばば》がとんで

きた。

　招き婆は三人をじろりと見たかと思うと、

「なんやぃ。おまんらは、躰《から》はいかい（大きい）けんど、まだまだ子供やないかいな。ここはな、しっかり働いて、ぎょうさん稼いで、ど甲斐《かい》しょのある大人の男衆の来るところや。おまはんらには、まだまだ早い。とっとと帰《い》ない」

　と追い払われてしまった。

「ちぇっ、けったくそわる！」

　三人は舌打《したう》ちしながら、町の商店街を一巡しただけで、村に戻ってきたが、腹立たしい気持ちはおさまらない。庄九郎と文太は苦虫を嚙《か》みころしたような顔をして、

「平吉やい、おまいが居《お》ったから招き婆に『子供や』とバカにされたんやぞ」

　平吉はふたりにずばりと名指しされ、

「な、なんでわしの所為《せい》なんやい」

「おまいは体《から》は大《いか》いけんど、だらふん（だらしない）で気が小《ちい》そうて、おじくそ（こわがり）で、いつもオドオドしているさかいにな。ほれを、あの招き婆に、ずばりと見透《みす》かされてしもうたのや」

「だらふん」とは湖東地方の方言で、だらしなく褌《ふんどし》のまえだれを垂らした姿から出た言葉で「だらしがない」という意味である。

いつもならあけすけと、互いに欠点を言いあうようなことをしない親友なのに、庄九郎と文太は、よほど腹の虫の居所が悪かったのだろう、ずばりと言いきった。痛いところをつかれた平吉は、ううっ、と言葉をつもらせた。が、すぐに、

「ア、アホいえ！　おじくそ（おどおどする）やないわい」

と反発した。すると、

「ほーぉ、よう言うた。おじくそやないてかい。ほんなら今夜、早速、肝試《きもだめ》しをしようやんかい。まさか、嫌《せん》とは言わへんやろうな」

「な、なに？　肝試しやと！」

日ごろから臆病者の平吉だ。

「肝試しなど、とんでもない」

と心の中で叫んだ。

「おっ、顔色が変わったぞ。やっぱりおまえはおじくそや」

庄九郎と文太は、平吉をなじる。

「バカ言え。そんなことはない。よし、やろう」

負けん気をだして、平吉は承諾した。

こうして三人は、肝試しをすることになった。

余談になるが肝試しの歴史は古い。平安時代末期に書かれた『大鏡』に、時の帝《みかど》（花山天皇）が夏の午前三時に、藤原兼家の三人の息子たちに、鬼が出ると噂がある屋敷に行かせることになった。ところが、帝の命をやり遂げたのが藤原道長だけで、その証拠として刀《かたな》で屋敷の柱を削《そ》いで持って帰ったという記述がある。三人がルールとして決めた肝試しは真夜中に、村の墓地の入口に六体が並ぶ、石地蔵の前に、それぞれの名前の書いた杭《くい》を打ち込んで戻ってくる、というものだ。

やがて三人は、墓地に向かう順番を決めることになった。順番を決めるのは「どこどこ、さんでんしょゲーム」（注1）だった。

その結果、平吉が勝ち、最初に墓地に行くことになった。

ところが平吉は、とたんに心細くなった。

「いやいや、わしは最後に行く。はたしておまえらが、杭をきちんと打ち込んできたのか、ほれを（それを）確かめなあかんのでな」

と、胸を張って強がりをみせた。

「ほうけ、おまえが、ほう（そう）言うのやったら、墓地に行く順番なんか、どうでもええ。な、文太」

「ほの通りや、不服はない」

こうして庄九郎が最初に、文太が二番目に、それぞれ墓へ行き、杭を打ち終えて戻ってきた。

「ほれほれ、わしらは行ってきたで。ほれでは最後《びり》はおまいや」

二人は平吉をせかす。

「わかっているがな。ほやけんど、二人ともえらい早う帰んてきたが、しっかり杭はうちこんできたやろうな？」

平吉は強がりな言葉をはいたものの、根はおじくそだ。膝《ひざ》ががくがく震えて足が前に進まない。それでも二人に冷笑《ひやか》されないように、事前に隠し持ってきた竹筒の酒をひっかけて、墓地に向かった。

ここから墓地までは曲がりくねった細くて寂しい一本道だ。その両側には背丈を超すススキの穂が、夜風に揺らいでいる。見ようによればあたかもそれは亡霊が手招いているようにも見える。

「ひゃー、気色《きしょく》わるいな」

平吉は泣きそうになりながら墓地に向かった。

墓地入り口の六地蔵の前には庄九郎と文太の打った杭が、月明かりに並んで立っている。

「こ、こ、この横に打てばエエんやな」

その時、生暖かい風が吹き、ススキの穂がざわざわと騒ぎだした。平吉は怖さを抑えて目をつむり、夢中で杭を、カーン、カーンと、打ちはじめた。すると、ひと打ちするごとに、平吉の褌《ふんどし》の前垂れをチョン、チョンと引くものがある。

「ゲッ！　ま、まさか、チョ、チョンチョンが出たのやないやろうな」

チョンチョンとは、地面から白い手が伸びてきて、だらふん者の褌の前垂れをチョン、チョンと引っぱる妖怪《ようかい》のことである。

平吉は肝がつぶれそうになったが、

「庄九郎や文太に愚弄《ばか》にされてなるもんかい」

と、叫びながら杭を打ち終えて、さて帰ろうと、一歩足を進めた途端、地面から白い手が伸びてきて、ギユゥと平吉の褌をつかんだではないか。

「けえッ！」

と平吉は悲鳴を上げ、地面から出てきた白い手を夢中で引き離し、

「チョンチョンが出よったーッ」

と叫びながら駆け戻ってきた。

庄九郎と文太は、慌ててかけもどってきた平吉をみて、

「おまいは同時《いっ》もだらふん（だらしなく）でおじくそ（臆病者）やからチョンチョンに褌を引っ張られたのや」

と大笑いをした。

「んや、確かに地面からチョンチョンの手が伸びてきて、わしの褌を引っぱりよった。ほれ、この通り、フリチンや」

と平吉は着物の裾をめくった。

「ほんなお前のフリチンなんぞ、見とうないわい」

庄九郎と文太は顔をそむけて、またも大笑いした。


その翌日、三人は昨夜の出来事を確かめるために墓地へ行くと、六地蔵の前には三本の杭が、きちんと、地面に打ち込まれて横一列《よこいちれつ》に並んでいた。ところが平吉の名の書かれた杭だけに、薄汚れた白褌の端が杭に打ちこまれて、地面

に、ダラーッと伸びていた。おじくその平吉が、恐怖のあまり、自分の褌の端に杭を打ち込んでしまったのが原因で、平吉はてっきりチョンチョンに褌をつかまれたと勘違いをして逃げ帰ったのだった。湖東の中一色村にも、よく似たハナシが残っている。

注1・さんでんしょゲーム

竹箸《たけばし》の一片に約一寸(三・三センチ)、絵の具で赤、白、青とそれぞれに塗り分ける。これを「さんでんしょ棒」と呼び、「どこどこ、さんでんしょ」「どこどこ、さんでんしょ」と三唱しながら、同時にその中の一本を前に出す。この遊びのルールは「じゃんけん遊び」のようなもの。赤の棒を出したものは青に勝ち、青の棒は白の棒に勝ち、白の棒は赤に勝つ。

帯かけ橋

むかし、神さまと人々がともに国造り、里造りに励んでいた頃のこと。

狩猟《かり》で生活《せいかつ》をしてきたこの里に、大国主命《おおくにぬしのみこと》が荒れ地や沼地を田畑《でんばた》に変え、麻《あさ》や稲《いね》の栽培方法を教えに来てくださるという。

「みんなが住みよくなる里を、ここに、こしらえてくだはるそうや」

「ほれは有り難いことや。ところでほの神さんは、どっちの方角《ほう》から来てくだはるのやろうか?」

「何でも日野川《ひの》の、ずーっと西の国から来てくだはるそうやで」

「ほんなら、みんなでお迎えにいこう」

里人たちは出迎えの準備にとりかかっていた。すると突然、紺碧《こんぺき》の天空が掻き曇り、大粒の雨が落ちてきた。

雨は土砂降りになり、一向にやみそうにない。

「この大雨じゃ、川が暴れて国造りの神さんがお渡りできんようになってしまうぞ。ほしたら、どこぞ他の国へ行ってしまはるがな」

「ほんまや。ほんな事にでもなったら、どもならん（どうにもならない）」

「困ったことや」

里人は頭を抱えていた。

すると、急に雨は止み、青空が広がりだした。

「おお、わしらの願いが天に通じたのや！　これやったらお渡りでけるかもしれん。とりあえず、日野川の岸辺まで大国主命さんを、お迎えに行こやんかい」

人々は歓喜しながら河に向かって走り出した。だが、日野川に来てみると、濁流《だくりゅう》は今にも溢《あふ》れんばかりの勢いであった。

「こりゃあかんが。この水じゃ、とてもやないけんど、川が渡れん」

「神さんは、どこぞ、他の里に行ってしまはるがな」

里人はまたも、頭を抱えてしまった。と、その時、

「見てみい！　あっこにいかい（大きい）橋があらわれたぞ！」

橋は七色に彩られた大きな半円で、向岸から、こちらの河辺にまで続いている。

それは大きな虹の架け橋であった。

「おお、神さんは、あの橋を渡って、ここに来てくだはるにちがいない」

人々は飛び上がって喜びあいながら大国主命が渡って来られるのを待っていた。ところが、しばらくすると、その掛け橋は姿を消してしまった。

いかに大国主命でも濁流の大河をわたることは不可能だ。

「このままでは……、どもならん」

里人たちは再び、頭をつくねて、困り果て、ああでもない、こうでもないと相談しあった。その結果、

「神さんに渡っていただく仮橋を、川に架けたらどやろう」

とハナシがまとまった。

里人たちは急いで里山に入り、太くて丈夫な竹を大量に伐《き》りだした。そうして七つの筏《いかだ》に組み、それをこちらの岸から対岸に並べて、その上に板を敷いて、粗末な浮き橋を完成させた。ところがその橋は、にわか作りで危なっかしい。しかも目立たない。

「はたして、神さんがこんな粗末な橋を渡ってくだはるやろうか」

里人はまたもや、頭を抱えてしまった。

と、その時、ひとりの若い女が、

「これを飾って、目立たせたらどやろ」

自分の腰の帯を解き、橋に飾りつけた。これを見た、他の女たちも、

「ほうや、こうすれば虹の掛け橋にも負けへん、美しい橋になるわ」

次々と帯を解き、七つの浮橋を飾りだした。

やがて、大国主命がおいでになり、この橋をお渡りになった。

「このように美しい橋をつくって迎えていただき、ありがとう。ここはまだまだ国造りが遅れています。必ず、ここを豊かな里にいたしましょう」

大国主命は荒れ地に水路をつくり、稲の種をまき、薬草や麻を栽培し、豊かな田園地帯に改良されて豊饒《ほうじょう》な土地になったという。


大国主命の偉業を称えるため、麻生庄《あそう》の里人は、岡本の丘に「高木神社」を建立し、麻生庄の総社としてお祀りした。毎年五月三日、東近江市の「岡本町」「上麻生町」「下麻生町」では、八百年以上の歴史を持つ「ケンケト祭」が開催される。この祭は七筋の帯を小太刀《こだち》にかけ、日野川の袂《たもと》までお渡りをする。この帯の華やかさから、「帯掛けまつり」とも呼ばれるようになった。

代官 村上清左衛門

名奉行、名代官と称されてその名を残す武士は幾人かいるが、「織田《おだ》の淡水《たんすい》にすぎたる者が一つあり、家臣をもつなら村上清左衛門《むらかみせいざえもん》」と後の世まで語り草になっている名代官が、この東近江にもいた。

このハナシは村上清左衛門が、淡水の苦悩を救い、最後の忠義をつくした一幕である。それは徳川家康《とくがわいえやす》が「関ヶ原《せきはら》の戦い」で勝利し、天下の覇権《はけん》をほぼ手中におさめた頃のことであった。

東近江、野々村（外村《そとむら》）の代官・村上清左衛門が領地の見回りをすませ、久しぶりに領主の織田淡水の顔でも拝謁《はいえつ》しておこうと、淡水の館へ向かった。

すると、淡水が浮かぬ顔つきで清左衛門を見るや、

「おー、良きところへ来てくれた。今、まさに小姓《こしょう》に申し付け、その方《ほう》を呼びにやろうと思っていたところであった……。困ったことが起こっての、どうす

ればよかろうぞ」

淡水は清左衛門をそば近くに招き、

「困ったことじゃ、どうすればよかろうぞ」

と頭を抱え、大きな溜息《ためいき》をつくばかり。

清左衛門は尋常ならざる事が起ったに違いないと察したが、ふと、大坂方の豊臣秀頼公《とよとみひでよりこう》と淀殿《よどどの》の近況が脳裏をかすめた。大坂冬の陣の後、徳川方と大坂方の間に和睦《わぼく》が成り、いったんは双方の確執が解消されたかに思えた。ところが秀頼公が、亡き豊臣秀吉公の意志を受けつぎ、京の方広寺で大仏の造営を完成させ、いよいよ大仏開眼供養の日が目前というときになって二条城にいた家康が、

「豊臣家が建立した大仏殿の鐘銘《しょうめい》(鐘《かね》に書いてある銘文《めいぶん》)に『国家安康』とある。これはまさに、それがし『家康』の、二文字を分断しようとする呪文《じゅもん》に相違ない。捨ておけぬ」

と、いちゃもんをつけ、

「秀頼公を大和郡山《やまとこおりやま》へ七十五万石で転封せよ」

豊臣方にとって、とても受けがたい無理難題を強制してきたのだった。その

ため両陣営は、一触即発の事態に陥っていた。

清左衛門は、それが気に掛っていたので、それとなく淡水に尋ねてみた。すると、たちまち、淡水の表情が歪み、

「それよ、それ。昨日の夕刻、御内府殿《ごないふどの》（徳川家康）のご使者が参ってのう。近い内に秀頼公に大和郡山への転封《てんぽう》に応じるように最後通告に及ぶ所存、もしや大坂方が不承知とあらば一戦をも辞さぬ覚悟。その折には、先の大坂攻めのときと同様に与力をしてくれとのことよ。ああー、どうすればよかろうか、のお」

と、弱気な言葉を口にした。

先の大坂攻めの折、淡水はしぶしぶながら徳川家康の命《めい》に従って参陣し、家康の覚えもめでたく、その後も領地の安堵《あんど》を得ていた。だが、淡水にすれば内心は、大恩ある太閤秀吉の忘れ形見、秀頼公と淀殿に、

「弓を引くような恩知らずの武将にはなりとうはない」

と、清左衛門に愚痴《ぐち》をこぼしていた。

「殿、そう気を揉《も》まれまするな。その時が参りますれば、それがしに良き考えがござります」

「そうか、そうか、良き知恵があるとな。それは心強い」

淡水は大喜びした。

だが、清左衛門は内心、前回の大坂攻めのようにはいくまい。今回ばかりは、豊臣方も徳川方も一《いち》か八《ばち》かの大合戦になるのは必定《ひつじょう》——と考えていた。

そうこうする内に、天下の情勢は急を要する事態になった。誰の目にも豊臣方と徳川方が一戦を交えるのは明らかになった。後世に言う、「大坂夏の陣」が着々と迫っていたのである。

豊臣方は大坂城に籠城《ろうじょう》し、徳川方は城攻めに出るという情勢のもと、日を追うごとに徳川方からも、豊臣方からも、火急の使者が淡水の館へやって来て、「与力参陣」の要請をせっついてくる。だが、淡水はそのたびに、清左衛門の意見に従って、日和見《ひよりみ》な返事でその場を濁《にご》していたが、いよいよ決断の時がやってきた。徳川方より与力参陣要請の最後通告の使者が、本日にも来るという。

その早朝淡水が寝所を後にする頃合いを見計らって、清左衛門は庭先より、

「殿。長きおいとまを頂きに参じました」

淡水に深々と頭を下げた。

その出立《いでた》ちは二人の供を連れ、一人に甲冑櫃《かっちゅうひつ》を、もう一人に先祖伝来の長

槍と旗指物《はたさしもの》を担わせ、自らはものものしい戦姿を整えていた。

「なッ、何事じゃ、清左衛門！　今にも御内府（徳川家康）方《がた》より御使者が来るというに、そのものものしい出で立ちは！」

淡水はよほど驚いたのだろう、清左衛門を問い詰めた。

するとと清左衛門は武骨《ぶこつ》な面相《めんそう》に笑みを膨らませて、

「殿。この清左衛門、以前に、その時が参りますれば良き知恵がございますと申し上げました。それが今、その時がまいりましたゆえ、最後の良き知恵を絞りましてございます」

「なッ、なにッ、最後のその知恵とは、何じゃ！」

「この出で立ちこそ、清左衛門、一世一代の知恵にございまする」

「それは、どういう事じゃ」

と、淡水が問うたのを、再び清左衛門は深々と頭を下げ、

「このたびの戦いこそ、徳川殿は豊臣家を滅ぼす御所存とお見受けいたします。天下の情勢、徳川側に利があるのは、必定。もし当家が豊臣秀吉公の大恩に報いんと大坂方に参戦すれば当家は断絶の覚悟で挑まねばなりますまい。織田信長公とお鍋《なべ》の方のお血筋(注1)を絶やすわけにはまいりませぬ。それにひきかえ、

我が身は捨てるに軽く、大恩あるご当家存続のためとあれば喜んで死出の旅につくは武士の誉れ。ましてやこの清左衛門、憚《はばか》りながら殿の信任厚いは、世の武将どもが知るところにございます。しかも、恐れながら、それがしは殿より拝命されました代官職。これを持って、それがしが大坂方に与力いたしますれば、必ずや、大坂方も、やむにやまれぬ殿の腹の内を納得し、喜んで我が身を迎え入れてくれるにちがいありませぬ」

と、胸の内に秘めた策を打ち明け、

「もはやそれがし、ふたたび生《い》きて帰れぬ身なれば、扶持米《ふちまい》地は殿に返上させていただき、代々受け継ぎました自領地（私財地）につきましては、村に寄贈をしたいと願っておりまする。どうかよしなに、お取り計《はか》らい願わしゅう存じ奉りまする」

と、清左衛門は今生の別れを申し上げ平伏した。

淡水は「自分の右腕を失うがごとし」と引き留めたが、清左衛門はそれを固辞した。そして、清左衛門は大坂方に与力し、徳川方と勇猛果敢に戦ったが武運つたなく、戦死したと伝わっている。それ以来、清左衛門の自領地を寄贈された外村では、村上清左衛門の菩提《ぼだい》を今に弔《とむら》いつづけている。

注1・お血筋

織田信長と側室・お鍋の子であった、織田信高の子・織田高重の時に豊臣秀吉から現在の東近江市の神田町・野村町・外町に約二千石を与えられ、旗本寄合となった。三代目の藤十郎淡水が領主になったのが二十七歳であった。淡水には二男一女があり次男の長和丸は若くして死に、長男の長福丸も病弱であった。そこで淡水は領主になって十八年後の四十五歳のときに長福丸の健やかな成長を願って野々村に長福寺(延宝八年建立、現在廃寺)を建立した。淡水が亡くなったのは元禄八年(一六九五)六月十二日、その墓は現在、東近江市野村町の陽泉院境内にある。もともとその墓はそこにあったものではなく、八風《はっぷう》街道の林の中にあったのを数度の移転を経て、ここに置かれるようになったと伝わっている。

岩戸山の仏

大和（現・奈良）の飛鳥《あすか》に都があった頃のこと。

朝早くから東近江の箕作山《みつくりやま》の麓（現・東近江市瓦屋寺町）の里人たちは、飛鳥の宮から視察に来られる貴き方々一行を出迎えるため、その準備に追われていた。と、そこへ、馬の足を早めながら、その一行の先触れが里に入ってきた。

里長《さとおさ》・陶李《とり》の前で下馬すると、その中の一人が、

「あと半道（約二キロメートル）ほどで、太子さまがお着きになる」

と告げた。その「太子さま」とは、第三十代用明天皇《ようめいてんのう》の皇子で厩戸命《うまやどのみこと》とも呼ばれる、聖徳太子《しょうとくたいし》である。聖徳太子は今、摂津《せっつ》の国（現・大阪天王寺）で自らが指揮をとって「四天王寺《してんのうじ》」を建立されていた。この寺は太子が、賊徒討伐《ぞくととうばつ》に出征された折に四天王像を彫って、その像に戦勝祈願をされたところ見事に勝利を得られたので、その像をお祀りするための寺であった。

この箕作山の麓は、その伽藍《がらん》（寺）の大屋根に敷く瓦をこしらえるための良い土がとれ、瓦を焼く技術をもった渡来系の里人たちがいた。彼らの技術を高く評価された聖徳太子は、すぐに、里長と主だった里人たちを飛鳥の宮に招かれ、その寺の大屋根を守る瓦を発注された。と同時に、その瓦に邪気や妖魔が伽藍《がらん》を犯さぬように、また、一時も早く良い瓦が焼き上がりますようにと願って、その山の頂上に「瓦寺《かわらでら》」とよばれる御堂《みどう》を建立されたのであった。そうして里人より四天王寺の瓦が焼き上がったとの連絡を受け、ハレの日を選んで、その出来映えを照覧なされるためにこの里へやって来られたのだった。

里に到着された聖徳太子は、この時十四歳。仏の道に帰依されて信仰心あつく、万事に聡明で慈愛をもって人々に接せられる貴人として、世に知られていた。

里長の陶李も飛鳥の宮で初めて太子にお会いした時、瓦について質問を受けながらも、その凛々《りり》しい姿と並々ならぬ器量に、すっかり魅了されてしまった。たった一度の謁見《えっけん》ではあっても、太子のためならどのような無理難題もやり遂げようと思っていた。

聖徳太子は愛馬の背から降りられると、陶李の荒れた両手をとり、

「あなたも里の人たちも健やかでなにより。ご苦労をかけしました」

慈愛に満ちた目で陶李を見つめて、ねぎらいの言葉を述べられた。陶李は感動のあまり、「はッ、ははーッ」と拝礼するのがやっとであった。

陶李に案内されて里に入られた聖徳太子は、供の者たちの方をふり向かれ、

「飛鳥の宮から遠路《えんろ》の旅、さぞ、疲れたことでしょう。私と伴の各長《おさ》たちは、これから里長の案内で瓦の視察にまいりますが、他の伴《とも》たちは帯同した牛馬とともに、この里の人々の心配りをいただいて十分に旅の疲れをとりなさい。くれぐれも粗相《そそう》のないように」

と指示された。供の者たちは大喜び。さっそく帯同した牛や馬の背や足を洗い、駅舎で休ませると、里人の心配りを満喫しながら、思いおもいに休憩をとりはじめた。

聖徳太子は疲れた様子もなく、陶李の案内で、瓦が焼かれている窯《かま》や、焼き上がった瓦の収納小屋の一つ一つを見て回られた。どの小屋にも中国大陸や朝鮮半島から伝来した製作方法に、この里独自の技術が加味されており、青や緑に色を変えた瓦が整然と並べられている。

太子はその技法や出来映えによほど感動されたのか、

「これほど大量の瓦をりっぱに仕上げていただいたのは、あなたがたの高い技

量と瓦寺の仏のご加護のおかげです。瓦の視察を終えればその足で、箕作山の瓦寺に祈願成就の報告とお礼にまいりましょう」

言葉を上気させて陶李に述べられた。

すると、たちまち重臣たちは顔色を変えて、

「瓦寺への山道は急峻《きゅうしゅん》でございます。まずは、長旅の疲れを癒《い》やされてから参拝されましても、決して遅くはございません」

と申し上げた。だが、太子は凛とした眼差しで、その重臣たちに、

「わたしの、今のこの感動と感謝の気持ちが、すでに旅の疲れを十分に癒やしてくれています。ここから先は、里長たちの案内と、仏の加護で無事、あの瓦寺へお参りさせていただけるはずです」

そうして聖徳太子は、陶李が心を込めて整備をしておいた参拝道を瓦寺へ向かわれた。太子の後を歩む重臣たちも急峻で長い参道を一足ずつ進むうちに、いつの間にか、長旅の疲れがどこかへとんでしまい、両脚に力がみなぎり、体も軽く、気分が爽快《そうかい》になっていた。

「いやー、おどろきました。私のような老臣が、このような急峻な参道を上れるとは思ってもみませんでした。ははははーぁ、太子さまの脚力にも負けませな

んだ。のー、みなさま方」

と、重臣のひとりは額の汗をぬぐおうともせず、両目を垂れて他の重臣たちに賛同を請うた。

聖徳太子は笑みを湛えられ、

「これもみな、この瓦寺の仏のご加護でしょう」

と答えられて、皆とともに瓦が無事に焼き上がった祈願成就《じょうじゅ》の報告を御仏にされ、同時に、今、摂津の国で建立されている四天王寺の大屋根が無事完成しますようにと願われた。

と、その時であった。

「あッ、あれは!」

陶李と行動をともにしてきた重臣の一人が、南方の尾根の方を指さして、驚きの声をあげた。太子も陶李もそちらを仰ぎみた。すると、その尾根の頂きに紫雲《しうん》が、たなびき山上の岩肌から金色の光がさしていた。

「おおーぉ!　これは奇瑞《きずい》よ。あの尾根の頂は、何と呼ばれる山ですか?」

太子は陶李に尋ねられた。

「古来より里人たちは、あの尾根を岩戸山《いわとやま》と呼び伝えております」

陶李がそう答えると、

「あのような奇瑞《きず》い（めでたいことの前兆）を目にするのは、何かの縁。御仏のお導きに違いありません。今一度、仏の加護にゆだねて、あの山の頂上に立ってみましょう」

そうして太子は、陶李の案内で尾根つたいに岩戸山の頂上へ足を踏み入れた。すると、そこには紫雲が立ち上り、巨岩が累々として、見渡す眼下には西方浄土と見まがうばかりの美しい光景が広がっていた。太子はいたく感動され、

「やはりここは、御仏が住まう霊山ですね！ ならば、このお山が今後さらに、麓の里人たちの健やかな日々を加護し奉りますように、この巨岩に仏のお姿を彫っておきましょう」

と申された。だがその時、重臣たちも陶李たちも、岩を彫るための槌《つち》やノミを用意していなかった。

「太子さま、御仏を刻むにしても、ただいま、その道具を持ち合わせておりません。ここは一度、里へ帰りまして、それらの道具を用意し、後日、良きハレの日（吉日のこと）になされては、いかがでございましょう」

陶李は太子にうかがいを立てた。すると太子は、

「そのようなモノは必要ありません。御仏のお導きで必ず彫らせてくださいます」

と、自らの両手の爪の一本一本を交互に金色の光を放つ巨岩に当てられて、筆で和紙にでも描かれるように、不動明王、釈迦如来、文殊《もんじゅ》菩薩、普賢《ふげん》菩薩、地蔵菩薩、弥勒菩薩、薬師如来、観世音菩薩、勢至《せいし》菩薩、阿閦《あしゅく》如来、大日如来、虚空蔵《こくうぞう》菩薩、阿弥陀如来の十三仏を彫られた。そして番外としてさらに、善光寺如来、弘法大師、八幡大菩薩の三体をその脇に刻まれた。

やがて時代が下るにしたがって、十三仏は定められた忌日《きにち》ごとに初七日から三十三回忌まで、それぞれの仏や菩薩が当てられ、それらの功徳によって死者への追善供養をおこなうようになったと、今に伝わっている。

もじゃ

東近江では、夜、若者が若い娘のいる家へ遊びにいってお茶をよばれて帰ることを「もじゃ」という。そのいわれは、これが毎夜となると、遊びに行った若者が遠慮をして、その家の門口《かどぐち》の障子戸の前で「訪れようか、それともやめようか」と、「もじもじ」してしまう。そこから生まれたのが「もじゃ」と言う方言だった。

その他にも、もじゃに関連した合言葉があり、美人の娘がいる家の順に「新世界」「道頓堀」「京極」等があった。「今宵《こよい》は、新世界へ行く」と言えば、村一番の美人の娘がいる家へ「もじゃに行く」という意味のことだ。

ある日、村のひとりの若者が、日が暮れて美人の娘がいる家の前まで来て、「今宵《こんや》は新世界にきてしもうたが、これといった手土産の持ち合わせがない。どうしたらよいものかいな?」

ともじもじしながら頭をひねっていた。

ふと、頭上を見上げると、その家の屋敷の門口《かどぐち》に柿の大木《たいぼく》があった。

月明かりに照らされて、大きな実がたわわに実っている。

「ええ（良い）知恵《かんがえ》がうかんだぞ。これを手土産にしたらええんや」

若者は、その柿の木によじ登って数個をちぎり、その夜の土産にした。

すると家人は、

「おお、これは見事な柿や！　美味しそうな柿よ」

と大喜びをした。おかげで若者は、その家の娘と楽しい一夜を過ごすことができた。この話を聞いた村の若者が「われも、われも」と、真似をするようになった。

それから幾日か経ったある日、

「どうもおかしい。誰かがうちの柿を盗んだに違いない。とっ捕《つか》まえてくれん」

その家の父親は採ったことのない柿の実が、急に少なくなるのを不審に思い、夕方、どぼ漬け（糠漬《ぬかづ》け）の糠《ぬか》を、その柿の木の幹にべったりと塗りつけておいた。

それに気付かなかったひとりの若者が、柿の木に登り、実をちぎって土産にした。

その若者の胸のあたりには糠味噌が、べったりと付いて、ぷーんと匂っていた。

「ややッ、うちの柿を盗んだのは、おまいか!」

若者は、その家の父親にこっぴとく叱りつけられて大恥をかいた。

ところが、縁は異なもの。後に、この若者と、この家の美人と評判の娘が夫婦になったという。

唐丸籠《とうまるかご》

江戸幕府の崩壊《ほうかい》が、もうそこまで迫っていた頃のこと。東近江、中一色村《なかいっしき》では、秋の取り入れ（稲刈り）の真っ最中で、ネコの手も借りたいほどの忙しい日々を送っていた。

そんなある日、小田苅村《こたかり》（現・東近江市小田苅）の弘誓寺《ぐぜい》の老僧が、

「どえらいこちゃ。勇精《ゆうしょう》はんが京都所司代《しょしだい》の見回り組に捕《つか》まらはって、お調べを受けやはるため、明日《あいさ》、中山道《なかせんどう》の愛知川宿《えちがわじゅく》を通って江戸送《えどおく》りにならはるそうや」

檀家総代《だんかそうだい》の市右衛門《いちうえもん》の屋敷に顔をひきつらせて駆けこんできた。

「うえッ！　若ごえんさんの勇精さんがてかえ」

市右衛門は腰を抜かさんばかりに驚いた。小田苅村の老僧は顔を渋《しぶ》らせている。この時代、「五人組」と呼ばれる制度があり、隣家五軒が一組みとなり、

そのうちの誰かひとりでも問題を起こすと、その五軒全員が管理不行き届きという名目で、きびしい処罰を受けなければなれなかった。

「お調べの結果によっては、わしらも同罪になりかねん」

小田苅村弘誓寺の老僧がさらに顔を渋らせた。

東近江には弘誓寺という同名の寺が七ヶ寺ある。源平盛衰記《げんぺいせいすいき》(注1)の英雄、弓の名手・那須与一《なすのよいち》の嫡孫《ちゃくそん》であった愚咄坊《ぐとつぼう》が寛如《かくにょ》上人の直弟子となり、犬上郡石畑村に一寺を開いたのが始まりで、中一色村の弘誓寺や小田苅村の弘誓寺をはじめとする近江の七弘誓寺はみな兄弟寺院である。したがって勇精の罪状によっては近江の七弘誓寺はおろか、檀家すら同罪にもなりかねない。

そんな大それた事件を引き起こした当人、那須勇精は文政六年(一八二三)、中一色村の弘誓寺の惣領《そうりょう》として生まれた。子どもの頃から大層な暴れん坊で、朱鞘《しゅざや》の太刀《たち》を持ち出し、

「わしは『平家《へいけ》にあらずんば人ではない』という世をおわらせた源氏《げんじ》の弓の名手、那須与一《なすのよいち》の末裔《まつえい》じゃい。ただの坊主で終わるつもりはさらさらないぞ。必ず、世にでて天下に名を馳せてみせるぞ」

と大言壮語《たいげんそうご》しては意のままに振る舞っては騒ぎを起こし、老僧や母親や村人

たちを困らせていた。ところが悪童者ほど世の仕組みを知り、何か切っ掛けをつかむと、たちまち正道を為すと言われるように、勇精も長じるほどに仏法に精通し、村の育成にも尽力して村人から信頼され、「若ごえんさん」と呼ばれ慕わられるようになっていた。

ところが一方では、嘉永六年（一八五四）の黒船騒動や、彦根藩領主で幕府の大老であった井《い》伊《い》直弼《なおすけ》公が暗殺されるなどで日本国中、風雲急をつげるようになって以後、勇精は言葉や行動に藩や公儀に対する反感を滲ませるようになる。勤王の志士と呼ばれた東近江鯰江《なまずえ》村出身の丹羽正雄《にわまさお》(注2)や、鯰江《なまずえ》伝左衛門(注3)らと密かに交わり、尊王攘夷《そんのうじょうい》派の公卿《くぎょう》が京都から脱出した「七公卿落ち」にも関わっていたのではないか、との噂もあった。七弘誓寺の僧たちも村人も、勇精の憂国の志に、妙な危うさを感じるようになっていたのである。

その日の夕刻、檀家総代の市右衛門は野良仕事を終えた村人たちに、「早速《すぐ》に、弘誓寺の本堂に集まってくれ」と招集をかけた。

「取り入れ時の、忙しいまっ最中やというのに」

「いったい何がおこったのや、殺生な！」

檀家衆が不平を口にしながら弘誓寺の本堂にぞくぞく集まってきた。

長老のひとりが、市右衛門と目が合うと、

「まさか若ごえんさんが、何《なん》ぞ、コトを起こさはったのやないやろうな。先月の初めの事やったが、『ちょっと用事があるので十日ほど京に行ってくるさかいにな、留守の間、寺のことはシカとたのんだぞ。なんせ隠居のおまいらは暇《ひま》人《じん》やさかいのう』と、憎まれ口をたたいて、出て行かはったが、かれこれ、あれから一月《ひとつき》になるが、どうも心配や」

と歯の抜けた口をもごもごさせながら尋ねてきた。市右衛門は事が事だけに、招集をかけた村人たちの皆が揃ってから詳しい話をしようと思っていたので、

「ちょっと、困ったことがな」

とだけ答えて、口をつぐんでしまった。

「まァ、この頃は勇精はんも、どえろう住職らしゅうならはって、『暮らし良い世の中にしてやるつもりやさかい、おまえたちは長生きして楽しみにしとれよ』と嬉しいことを言うてくれやはるので喜んでいたのやが……。まさか京で大酒くろうて、せっかく引っ込んでいた若い頃の悪いクセが、またぞろ顔を出したのか、ほれとも物騒な思想に巻き込まれていやはるんや、なかろうな」

「いや、いや。ほんなことはあるまい。若《わか》ごえんさんのことや。心配はないほん」隠居たちは互いに顔を見合わせながら、本堂のいつもの席へ退いていった。

皆が顔を揃えたのを確認した市右衛門は、一度深呼吸をしてから、ゆっくりと話しだした。

「ま、聞いてくれ。今日、皆に集まってもろうたのは他でもない。京で勇精さんが公儀を転覆させる連中と交わっていやはったということや。ほれで京都の所司代の見回り組の手によって捕縛《つか》まらはってな、なんでも厳重なお取り調べを受けやはるために江戸送りにならはるということや。ほの情報が小田苅村の弘誓寺さんから今日の午《うま》の刻《こく》にあってのォ……」

市右衛門が渋面でそこまで言うと、本堂に集まった檀家衆から、うえッ！と仰天する声がわきあがった。

「なんでまた、小田苅村の弘誓寺さんから……」

このようなお達しは奉行所からあるはずなのに、檀家衆は合点がいかない。

「これはな、小田苅村の吟右衛門さんからの内々の情報やそうや」

吟右衛門とは小田苅村の豪商・小林吟右衛門のことである。吟右衛門は屋号を「丁吟」と言い、江戸や京や大坂に大店《おおだな》を持ち、領主の井伊家から名字帯刀を許され、藩の勘定方《かんじょうかた》をも務めるほどの商家であった。藩主の井伊直弼が江戸の桜田門外で水戸の浪士に暗殺されたとの情報は彦根城に伝達されるより半日も早く、京都の吟右衛門の店に到達したというほど、同家の情報網はケタ外れに優れていた。今回の勇精の江戸送りの情報も、彦根藩からその情報を得た吟右衛門家より小田苅村の弘誓寺に入り、それが中一色村の檀家総代の市右衛門に知らされたのであった。

市右衛門の説明で、たちまち、檀家衆の質問が矢つぎ早《ばや》に飛んできた。

「京の所司代の見回り組に捕縛されたということは、これはただ事でないぞ」

「もしゃ、このお寺がお取りつぶしにでもなってしもうたら、わしら先祖代々の霊はどないして供養をしていくんやい。それこそ寺のない門徒衆やと、他村《よそ》から見下《みくだ》されてしまうやないかい」

何と言っても、寺は檀家の支柱であり、心のより所でもある。

「ほれどころではないぞ。場合によっては、この寺の門徒衆もみな同罪やと、しょっぴかれるやもしれへんやないかい」

市右衛門は檀家衆で動転するのも、もっともだと思ったが、

「村や檀家衆の中で若ごえんさんに同情をしたり、信望者がいることやらがわ

かったら、それこそ、お上《かみ》から厳しいお咎《とが》めを受けるということや」

と告げると、皆は顔を見合わせて黙り込《こ》んでしまった。しばらく本堂に、重い空気がただよっていた。が、

「江戸送りの罪人は唐丸籠《とうまるかご》（注4）に乗せられて行くと聞くけんど、若ごえんさんも、ほうなるのけ？」

檀家のひとりが尋ねた。

「ほのようや。中山道回りやそうな」

市右衛門は顔を渋らせた。当時、西国で捕縛《ほばく》され、江戸送りになる罪人は唐丸籠《かご》で運ばれる街道として、中山道回りが多く使われた。それは大名の参勤交代の本道が東海道であったため、それにはばかっての処置だったとも、山路を行くので籠抜け（逃走）しても、発見する確立が高かったためだとも言われている。

「ところで、若ごえんさんはいつ頃、江戸送りにならはるのや？」

檀家衆が一斉に尋ねた。

「急な話やが、なんでも、明日やそうな」

話を聞いた村人は、

「江戸送りにならはったら、若ごえんさんとは二度と会えんようになるやんかい。ほんな無茶な」

と騒ぎ出した。市右衛門はみなの騒ぎを制し、

「丁吟さんからのお達しでは『無用な騒ぎを起こさぬようにして、そっと、愛知川宿まで見送りに行け』とのことや。もしや唐丸籠の籠先を止めるような不埒者《ふらちもん》でも出たときには、ほれこそ、タダではすまんぞ。皆の衆、ようわかったな」

市右衛門は本堂に集まった村人たちの顔を見回した。

その翌日であった。

後手《うしろで》に縛られた那須勇精は、唐丸籠の中から、稲田に組まれた稲《いな》バサやサンズミのある田園風景を眺めながら「憂国の詩」のひと節を吟じていた。

仲秋の中山道は清々しい。

「勤王の志士が江戸送りになるのを、天もあっぱれと見送ってくれているに違いない」

勇精は愉快な気持ちになっていた。

勇精の唐丸籠が愛知川の大河を渡って愛知川宿にさしかかろうとした時で

あった。

おーっ、あれは！

勇精は骨太で両肩に肉が盛り上がった猪首《いくび》を唐丸籠の隙間に近づけた。中一色村の檀家衆が打ち揃い、街道を背にして田んぼの畔《あぜ》に坐って、居並んでいるではないか。それは見送りを公儀に咎められたとき、「わし等は田んぼの作柄を眺めていただけです」と申し開きができるように、そんな策を考え出して並んでいるにちがいない。中には勇精の唐丸籠にすがりつきたい気持ちを押し殺しているのだろう、握った拳を震わせている者までいる。

勇精は感激の涙が、頬をつたった。

籠の周囲を囲む役人たちも、そんな事情を知ってか知らずか、見て見ぬふりをしている。

「どこのお方か知らぬが、よう来てくれた。那須勇精、こんなうれしいことはござらぬ。必ず、必ず帰《も》んてくるのでな、心配するな。やがてこの世は大きく変わるぞ。きっと、おまえたちの住み良い世の中になるさかいな。みんな元気《まめ》で暮らせよ」

勇精は唐丸籠の網の目に顔を貼り付けて叫んだ。「もう、それぐらいにしておけ」

警護の役人のひとりが勇精をたしなめた。

その後、世情は、尊王倒幕の嵐が大きく吹き荒れ、幕府はそれに対抗するのにやっきになっていた。

勇精が江戸送りになり拘束されていた正確な資料は残されていない。が、間もなく勇精は放免された。これも小田苅村の丁吟の陰の力が働いたと噂されていた。それとも公儀が尊王攘夷派とのいらぬ摩擦を避けようとしたのだろうか
……

それからまもなくして、江戸幕府は崩壊した。

「みなが暮らしよくなる世が、かならず来るぞ」

という勇精の志《こころざし》は果されたのだった。

その後、勇精は実弟に中一色村の弘誓寺の住職の座を譲り、

「わしは理不尽な封建時代《じだい》を終らせた、那須与一の末裔じゃ」

を口癖に、

「人は阿弥陀さまの本願を信じて念仏をすれば、必ず、浄土《じょうど》に生まれることが

できるんじゃぞ」
人々に仏法の道を説きながら、源平の古戦場や維新の動乱で殉じた志士たちの供養の巡錫《じゅんしゃく》に明け暮れたという。
その途中、勇精は四国の地で客死したと伝承されている。

注1・源平盛衰記
鎌倉時代中期から後期に作られた軍記物語で全48巻。作者・成立年不詳。平家物語の異本とされ、源氏関係の記事が補足され語り口調の平家物語と違って読み物形式となっている。

注2・丹羽正雄
幕末の尊攘《そんじょう》運動家。天保《てんぽう》5年7月2日生まれ。梅田雲浜《うんぴん》に儒学をまなぶ。三条家の臣丹羽正庸《まさつね》の養子となり、文久3年の8月18日の政変で七卿《しちきょう》にしたがい長州にはしる。京都潜伏中に捕らえられ、元治《げんじ》元年7月20日禁門の変の際に処刑された。31歳。滋賀県出身。本姓は福田。変名は佐々成之《さっさなりゆき》。

注3・鯰江伝左衛門
東近江市(旧愛東町)には鯰江氏の居城鯰江城があった。伝左衛門は幕末の志士

注4・唐丸籠

唐丸という鶏を飼うためにもちいる籠をいうが、江戸時代の罪人を運ぶために用いた駕籠が同様の形をしていた

タニシとキツネ

五月《さつき》晴れのある日のこと、一匹のキツネが泥田の畔《あぜ》道を通りすぎようとすると
「キツネさん、キツネさんよ」

と、呼び止める声がする。

「はて？　誰じゃいな、わしを呼ぶのは？」

キツネは立ち止まってあたりをキョロキョロと見渡したが、誰もいない。

「気のせいかな……」

と思いながら立ち去ろうとすると、再び、

「キツネさん、キツネさん」

と、声がする。

「どこから声がするのかな」

キツネがあたりを見渡すと、足元の泥田の水たまりから顔をだした名《な》ナシ貝《がい》が呼び止めている。

「今、わしを呼んだのは、おまえかい」

するとナシ貝は、

「ええ、わたしです。いくら泥田をのろのろ歩いているわたしでも、名前が『名ナシ貝』、ではどもなりません。そこでお願いですが、このあたりでは知恵者《ちえしゃ》と言われるキツネさんに、なんぞエエ名前を付けてもらおうかと思いましてな」

という。

「ちぇ！　ドロ田をのろのろ歩くおまえなんぞに、名前なんか、いるもんかい」

キツネは「ふん」とバカにして通り過ぎようとした。ところが、

「お待ちください！」

名ナシ貝は必死にくいさがってきた。キツネはめんどくさくなって、

「よし、ほんなら付けてやろう。泥田を歩く貝やから、『泥貝《どろかい》』か、ほれとも『ノロマ貝』では、どうやいな」

と、ふざけていった。ところが、

「いやいや、ほんな名じゃ、今の名前とあんまり変わらんやんか」

と不平を言うので、キツネは面倒くさくなり、

「ほんなら、どのような名で呼んでほしいのやい」

すると名ナシ貝は、

「わたしは『タニシ』と呼んでほしいのやけんど」

と言う。

「な、な、な、なんじゃと?」

キツネは飛びあがって、驚いた。

「ま、まさか、おまいは宮井《みやい》のお殿さまの名をいただこうと言うのやないやろな」

「はい、そうです」

名ナシ貝はケロッとした顔をして答えた。

その殿さまとは、宮井(現・東近江市宮井)を治める田西五郎時氏《たにしごろうときうじ》であった。村の氏神、若宮八幡《わかみやはちまん》神社でさえ領主の名をとり「田西の宮」と呼ばれるほどの、りっぱなお殿さまだ。その名を、泥田をはいずる名ナシ貝が名乗りたいというのだから驚きである。開《あ》いた口がふさがらないのは、キツネである。

ところが一旦、言い出したらひきさがらないのも名ナシ貝である。そこでキ

ツネはしかたなく、

「ほんならあの若宮八幡の田西の宮さんの鳥居まで、わしと駆けっこをしよう。もしやおまえが、わしに勝てたなら、恐れ多いことやが、おまいを『タニシ』と呼んでやろうほん」

「やれうれしや。わたしが勝ったら、必ず、ほう(そう)呼んでくれますね」

名ナシ貝は、キツネに念を押した。

「必ず、ほう呼んでやる」

キツネは、のろまな名ナシ貝が、わしと駆けっこをしたかて勝てるはずがない。ふん、暇つぶしじゃ。ま、それもよかろう。と、心の中でせせら笑った。


やがて、キツネと名ナシ貝は田んぼの畔《あぜ》を出発点に選んだ。

「ようい、ドン」

という合図で、キツネと名ナシ貝は走りだした。

キツネは出足もよく、威勢よく走っていく。

「のろまな名ナシ貝め、今ごろ、どの辺りを走っとるんやい」

キツネはときどき立ち止って、うしろを振りむいては走り続けた。

そうして決勝点（ゴール）の田西の宮の鳥居の手前まで来て、スタート地点の方を振り返った。当然、名ナシ貝の姿なぞ、見えるはずがない。いまだにスタート地点の畦道を、のそり、のそりと、這っているに違いない。

「おーい、名ナシ貝よ。早よ、こんかーい」

キツネは出発点に向かって大声をはりあげた。

すると、どうしたことか、キツネの背後で声がした。

「なんですか？　キツネさん。遅いではありませんか」

キツネは驚いて後ろを振り向くと、名ナシ貝は疲れた様子もなく、ゴールの鳥居の内側で、にこにこしながら、

「なんと、のろまなキツネさん。わたしはとっくに、ここに来て、あなたが来るのを待っていたのです」

名ナシ貝がゲラゲラ笑っている。

「ケッ！　どうしてわしより先に、ゴールでけたのやい」

キツネはびっくりして、ひっくり返りそうになった。

それは名ナシ貝が、スタートの時、素早くキツネのしっぽにつかまって、ゴール直前の鳥居の前で、キツネがスタート地点の方を振り向いて名ナシ貝の様子

を窺っている間に、尻尾《しっぽ》から、ぽとりと落ちてゴール内に入ったのだった。

そこで、名ナシ貝は、

「わたしが勝ちました。それでは約束通り、タニシと呼んでくれますね」

と胸を張った。

油断大敵。それ以降、キツネはタニシをバカにしなくなり、名ナシ貝は「タニシ」と呼ばれるようになった。

東近江では、「タニシ」が訛《なま》って「タノシ」と呼んでいる。また宮尾村の祭日には、雨がよく降ると言われているが、それはタニシが雨を好む、所以《ゆえん》だからだろうか。

おんばを焼こう

むかし、麻生《あそう》村（現・東近江市麻生町）と大森《おおもり》村（現・東近江市大森町）の村境に昼なお暗い森があった。

いつの頃からか、この森の奥深くに、都からやって来た老巫女《みこ》が住むようになった。巫女はたいそう気だてが優しく、村の子どもたちが元気に遊んでいると、森からひょいと顔をだし、

「おうおう、村の童《わらべ》たちが健やかということは、村が平穏ということや。このワシも、遊びにまぜておくれ」

と一緒に遊んで、子どもたちの面倒をみる。

また、どこどこの家で病人がでたと聞くと、

「どれ、どれ、ワシが診《み》てやろう」

その病人に効く薬草を煎じて治療をした。また、村の催事や収穫時期の吉凶

を占ったり、森を棲《す》み処《か》にする山犬《おおかみ》を手なずけて村人の生活を脅かさないように見守ったりしていた。

そんな老巫女を、村人たちは「おんば」と呼び、

「おんばさんは、村の宝や」

「ほうや、生き神さまや」

おんばが住む荒れ小屋を社《やしろ》のように改装してやり、皆で大事にしていた。


そんなある日のこと。

大森村の村長・嘉吉《かきち》が村人たちを連れ、今年の田畑の作付けの吉凶を占ってもらおうと、おんばの社を訪ねた。すると、おんばの姿がない。

「きっと、森の奥で、わしらのために薬草でも摘んでいてくだはるのやろう。明日、もういっぺん訪ねてみよう」

嘉吉は翌朝、もう一度村人たちと、おんばの社を訪ねた。

「おんばさん、おられますかいな?」

と声を掛けたが、返事がない。

「この様子やと、ゆんべ(昨夜)、おんばさんはここに戻らはらへんかったよ

うや」

「ときどき、行《ぎょう》(修行)にでかけやはると聞いてるけんど、丸一日《まるいちにち》も留守にしやはるのは、初めてのことや」

「それに、おんばさんが手なづけやはった、山犬の姿も見えへんしな」

「どうも様子がおかしい。おんばさんも歳や、なんぞあったらあかん。どうやろ、社の中を改めてみようやまいかい」

村人らは嘉吉の判断を仰ぐ。

嘉吉も「そらそうだ。ほんなら改めてみよう」と、おもいきって社の戸口を開けてみた。すると、昨日おんばに食べてもらおうと持参した山芋や餅が手つかずのままである。しかも、いつもおんばが身にまとうているはずの衣装はきれいに畳まれ、囲炉裏《いろり》の脇に置かれたままだ。囲炉裏や竈《かまど》にも火が入った様子がなく、食器も使われた跡が見受けられない。布団も部屋の隅に積まれたまま、冷え冷えとしているではないか。

「おんばさんは、裸同然で、どこへ行かれたというのやい?」

嘉吉の胸奥《きょうおう》に嫌な予感が走った。

嘉吉たちは、いったん村へ引き返すと、おんばの行方を捜す手はずに取りかかった。麻生村にも助勢を請う使いを走らせた、が、しかし、使いに走った村の若い衆がすぐに、麻生村の村役二人を連れて引き返してきた。

「え、え、えらいことやッ！　おんばさまが、おんばさまがッ」

その若い衆は目をむき、絶叫するばかり。

「ええーい、何が言いたいんじゃい。おんばさまが、どうしたというんやい。しっかり言わんかいッ」

嘉吉がたしなめるのを、横から、麻生村の村役の一人が、

「わしからしゃべろう。お、おんばさまがな、山姥《やまんば》に喰い殺されやはったのや。わしらの村の者らが、今朝早くに森へ柴《しば》をとりに行くと、体中を銀の毛でおおわれ、目が火のように真っ赤で、口が耳まで裂けた恐ろしい山姥が、人と山犬を喰い荒らしておるのと出くわして、肝を潰して、村に逃げ帰ってきたのや」

と、告げる。

「な、なんやと！　おんばさんがかえッ！」

嘉吉も村人たちも、腰を抜かさんばかりに驚いた。

「ほうや。ほれで、うちの麻生村では、その化け物を退治せなならんということに決まって、この大森村からも加勢を出してもろいたい、と頼みに来る途中、

この村の若い衆らと鉢合わせしたというわけですのや、ひとつよろしく」

麻生村の村役たちは頼み込む。

「ひとかたならぬ世話になったおんばさんのこと、わしらに異論があろうはずはない。どや、皆の衆、そのにっくき山姥を退治しようやまいかい」

嘉平は血相かえて村人たちに同意を求めた。

たちまち、その場は、

「おおー、やろやまいかい」

村人たちの怒りの声であふれかえった。


準備万端、夕暮れが迫るのもなんのその、大森村の衆も麻生村の衆も怒りに身を震わせながら松明《たいまつ》をかかげ、手に鋤《くわ》や鍬《すき》、鎌《かま》やコン棒、武器になる物はいずれを問わず、ひっつかんで、おんばの森を取り囲んだ。

両村の村長の、

「かかれーッ」

の号令を合図に、森狩りが開始された。両村の村人たちは横一列にひろがってズンズン進む。時が進むほどに、森はますます暗くなる。あと少しで、おんばの社だ。と、その時。嘉吉の耳に年老いた女の悲愴な泣き声のようなものが聞こえてきた。それは村人たちも同じで、松明の明かりの中で、皆は顔を見合わせ、闇の向こうの社の方に目をこらした。

「あ、あれは、おんばさんの声やないか…？」

「ほれはないやろ。おんばさんは山姥に喰い殺されやはったはずやぞ……」

「いんや、たしかに、おんばさんの声や！」

村人たちは首を傾げながらささやきあった。

「妙なことじゃ！」

嘉吉と麻生村の村長は村人の先頭にたって、忍び足でその泣き声がする社へ進んだ。社に至ると、嘉吉は村人たちに、社をぐるりと取り囲んで松明を社にかざすように指示した。その怪しき泣き声は、夕暮れの森の闇を引き裂いて、耳にじんじんと突き刺ってくる。

嘉吉は両村の若い衆から屈強な者を五、六人選び、麻生村の村長と社の戸口に立った。ドッ、と社の中へ踏み入った。そして、松明の灯りに照らし出されて目の当たりにしたのは、巫女の衣装を身につけて銀色の髪を振り乱し、火のような真っ赤な目に、耳まで裂けた口で吠えるように泣く、山姥の姿であった。

しかも、その山姥の顔が入れ替わり立ち替わり、おんばになったり、山姥になったりをくり返すではないか。

「うっひゃー、おんばさまん、ど、どうされたのじゃ！」

嘉吉たちはど肝を抜かれて腰砕けになるのを必死にこらえ、鬼と化したおんばのもとへ駆けつけようとした。すると、その化け物は、

「わしのもとへ来てはならぬ。年老いて霊力をなくした巫女は、都を追われ山奥深くに身を潜めて暮らすが、いずれはこのような山姥となって新ボトケの死肉を喰らい、悪霊と化すのじゃ。よいか、皆の衆。今の内ならまだ、おんばの心は残っておる。山姥は焼き殺さねば祟《たた》るぞ。さ、わしを焼き殺すのじゃ。後生じゃ、わしは山姥にはなりとうはない、悪霊になりとうない、人の心を持ったままで仏のもとへ帰りたいのじゃ。さ、早う、この社もろとも、このわしを焼き殺しておくれ、焼没させてくだされ、後生じゃ、後生じゃ」

と泣訴《きゅうそ》した。

だからといって、村人たちは恩あるおんばを焼き殺すなど、とてもできるものではない。嘉吉は、おんばにすがりつくようにし、

「ほ、他《ほか》に方策はござりませんのか」

と尋ねたが、

「ない。そのかわり、わしの最後の願いを叶えてくれたならば、必ず、巫女の善霊《ぜんれい》となって、今後、両村に降りかかる災いを除くであろう」

おんばはそう告げ、嘉吉たちを外へ追い立てると、社の戸口の扉をピシャリと閉めきり、「さ、さ、社に火をかけよッ」と絶叫した。

その叫び声で、村人たちは弾かれるように、

「おいたわしや、おんばさん。善霊になってくだされ」

叫びながら松明を投じて社に火をかけた。おんばの社は、またたく間に焼け落ちた。そして、その炎から、すーっと一筋の光が夜空へのぼったのを、村人たちは見た。


大森村では八月二十八日が、野上祭り。その前夜の二十七日に、村中の者が神社に集って灯明を灯し、

「おんばを焼き払え！」

と叫んで一斉に松明を放り投げる。

この行事は、「おんばの森」の伝説がもとになったと言われている。この行事で、

人家や森が火災になったことは一度もない。

「神の火やさかいにな」

と村人は信じている。

その翌日には、「野上さん」と呼ばれる本祭が行われる。

身を清めてカスリユカタに三尺の帯をしめた「七人子ども」が、午前十一時ごろ、村中の辻つじで、

〝けいものかいの　大膳　すえさいの〟

とふれまわる行事が催される。

そして昼食の宴《うたげ》が終われば、

〝けいものかいの　大膳　あげさいの〟

と再び、村中をふれまわって、神社で子供七人の豊年相撲が行われる。この相撲は稲の品種に名をつけて、それを組み合わせてとらすもので、実際は立ち勝負はなし、

「明年に持ち越させていただきます」

と言い、この相撲は終わるという。

願掛け杉

東近江・東西押立《とうざいおしたて》の郷社《ごうしゃ》に押立神社がある。この神社の本殿前に一対の木の狛犬《こまいぬ》が置いてある。男性はこの狛犬の右側の手首に、女性は左側の手首に赤い毛糸を結び、その毛糸の片方の端を自分の手首に結んで、思う異性を心に浮かべ、

「結ばれますように……」

と祈願するとその願いは、必ず、叶うといわれている。

こうして夫婦《みょうと》になった菩提寺村の夫が戦地に向かうことになった。

ところが戦地に向かった夫から、音信が不通になってしまった。

この社《やしろ》の広い参道の真中《なかほど》に杉の古木が立つ。その幹の根本《ねもと》は大人が三人で抱えても抱えきれないほどの太さである。女が真夜中に、白装束で戦地《せんち》に赴《おもむ》いた

夫の武運長久《ぶうんちょうきゅう》を、この願いの杉に「お百度」を踏んで祈願をすると、その願いは必ず叶うといわれている。

この杉は村人から「願《ねが》いの杉」と呼ばれ、これにガンをかければその願いは必ずかなうと言われてきた。

村の誰もが寝静まったある夜の丑三《うしみ》つ時《どき》(午前二時から二時半の頃)、素足《すあし》に藁草履《わらぞうり》、顔を丹(顔料の赤土)で染めた女がひとり、身に白装束《しろしょうぞく》を纏《まと》ったその頭には火鉢《ひばち》の金輪《ごとく》を逆《さか》さにのせ、その三本の足に松脂《まつやに》の蝋燭《ろうそく》を灯《とも》してひたすらに廻ったという。


京都にも次の話が残る。

この伝説は「宇治《うじ》の橋姫《はしひめ》」伝説に因《ちな》む。時は平安《へいあん》の初期、今から約一二〇〇年余り前、嵯峨《さが》天皇(八百九~八二三)の御世のこと。都に大変に嫉妬深《しっとぶか》い公家《くげ》の娘がいて契《ちぎ》りを結んだ男の心変《こころが》わりに嫉妬《しっと》し、浮気男《うわきおとこ》とその相手の女を怨《うら》んで貴船《きふね》神社に詣《もう》でて、七日間も籠《こ》もり、

「貴船大明神《だいみょうじん》、我を生きながら鬼神《きしん》に成し給え。妬《ねた》ましい女をとり殺さん」

すると貴船大明神から女に示現《じげん》があった。

手には藁人形《わらにんぎょう》と五寸釘《ごすんくぎ》と鉄の槌《つち》を持つ。女は本殿に祈願をすると、すたすたと杉の根基《ねもと》に来て、藁人形の胸のあたりを杉の幹に五寸釘を当て、カーン、カーンと槌で打ち付ける。

「真《まこと》に鬼に成りたくば、姿を改め宇治《うじ》の河瀬《かわせ》に行き、三十七日間浸《ひた》れ」

お告げを聞いた娘は、早速都へ帰り、長い髪《かみ》を五つに分けて五つの角《つの》を造り、顔には朱《しゅ》を指し、身には丹を塗り、さらに頭には鉄輪を戴き、鉄輪の三つの足に松脂を燃やして、松明《たいまつ》を拵《こしら》えて火をつけ、夜更《よふ》けの大和大路《やまとおおじ》へ走り出で、南の宇治の河瀬を目指す。さながら鬼の形相《ぎょうそう》、これを見た都人《みやこびと》は、あまりの姿に驚いて肝魂を失い、倒れて絶命《ぜつめい》するものまででた。

娘は、三十七日のあいだ宇治の河瀬に浸り、ついに生きながらにして鬼となり、そして妬ましい女とその縁者、憎き男の縁者までもことごとく殺してしまった。今に「宇治の橋姫《はしひめ》」と呼ばれる伝説はこのことである。京の清水寺《きよみず》でも、嫉妬《しっと》に狂った女の、こんな行為《こうい》が昭和の初めまで頻繁《ひんぱん》に行われたといわれています。

三つ巴のウロコのある鯉

大阪市都島区中野町にある浄土宗金戒光明《こんかいこうみょう》寺派「大長寺《だいちょうじ》」(注1)には、織田信長の近江侵攻に最後まで抵抗して天下にその名を知らしめた鯰江《なまずえ》城の重臣、森備《もりび》前 守貞治《ぜんのかみさだはる》に関する次のような話が残っている。

ある夜のこと、大坂の鯰江村(現・大阪市)にある大長寺の第八代住持・往西和尚の夢枕で、

「和尚、和尚……」

と呼ぶ声がした。

「拙僧《せっそう》を呼ぶのは、どなたですかな?」

和尚が声のする方に目をやると、背に鮮やかな三《み》つ巴《どもえ》の紋様がある巨大な鯉《こい》が現われて、

「われは関ヶ原の合戦で討死した、森備前守貞治にござりまする」

と告げた。

「なんと、備前守さまとは！　この鯰江村のご領主ではござりませぬか」

和尚は驚いた。

織田信長が「天下布武」をかかげて上京しようと、東近江の通行許可を求めてきた時、鎌倉時代からの東近江の守護職・観音寺城の佐々木六角承禎《しょうてい》義賢《よしかた》、義治《よしはる》親子が、

「通行まかりならぬ」

と、抵抗した。それに最後まで呼応したのが支城の鯰江城の重臣、森備前守貞治であった。ところが本城の観音寺城はやむなく落城。佐々木親子は支城の鯰江城に逃げこみ、浅井・朝倉の連合軍や、山科本願寺の「仏敵信長」のスローガンに呼応する宗教一揆《しゅうきょういっき》を先導して応戦した。

織田信長の重臣・柴田勝家《しばたかついえ》に攻め込まれて戦ったが、武運つたなく鯰江城は落城した。ところがその戦で備前守貞治は討ち死寸前に、その才智をおしむ羽柴秀吉（後の豊臣秀吉《とよとみひでよし》）に救われたのだ。

やがて織田信長は明智光秀に暗殺され、柴田勝家も滅ぼされて豊臣秀吉が天

下人になり、備前守貞治は秀吉から大坂のこの地に、一五〇〇石を拝領したのである。領主となった貞治は、ここを近江の鯰江に因《ちな》み、『鯰江村』と改名して、木津川堤を高くし、湿地であった荒れ地を改修して発展させてきた。

しかし備前守貞治は、秀吉の死後、関ヶ原の戦いで、大恩ある豊臣秀吉の忘れ形見・豊臣秀頼方の西軍に与力して戦った。

だが、武運つたなく討ち死したのであった。

「今頃は冥土《めいど》で亡き豊臣秀吉公や関白秀次公、大坂城で自害なされた秀頼公と再会なされ、華々しい戦歴などを語り明かしておられることと思っておりましたに、何としたこと。そのお姿や、如何に？」

和尚は目の前に現われた大鯉に問うた。

すると、大鯉は巨大な魚体をよじりながら泣訴《きゅうそ》した。

「それがし武運つたなく関ヶ原で討ち死にしてよりこの方、この鯰江が忘れがたくて冥土にも行けず、こんな姿に成り果てて、この鯰江川に戻ってまいりました。ところが、その背には森家代々の家紋の三つ巴が残ってしまいました。その紋様が運悪く、鯰江川で漁夫の目にとまり、格闘数刻の後に生け捕られてしまいました。そして『鱗に三つ巴の紋のある鯉や』と物珍しがられて見世物になってしまいました。こんな毎日の辱《はずかし》めに耐えがたく、苦しんでおりまする。どうかお救いくださらぬか、お頼み申す、お頼み申します」

その夢は次の日も、また次の日も続いた。

「うむ、三夜も続けて同じ夢を見た。三夜続けて見るのは夢告と聞くが、きっとそれにちがいない。この夢告の真相をつきとめ、森備前守貞治さまを成仏させて冥土《めいど》へ送り届けねばなるまい」

因果を哀れんだ和尚は、その大鯉に「瀧登鯉山居士」と戒名《かいみょう》を授け、三日三晩、読経を続けて供養した。すると、

「おお、ありがたや。これで成仏できまする」

森備前守貞治の霊声が聞こえ、鯉の姿は夢見の彼方へと消えていったと伝わる。

今も大阪のこの辺りには、鯰江幼稚園、鯰江保育園、鯰江小学校、鯰江市場、鯰江公園など、鯰江と名のつく施設《ところ》が多くある。

注1・大長寺

大阪市都島区中野町にある大長寺は、浄土宗金戒光明寺の末寺で慶長一〇年(一六〇五)に鯰江備中守によって建立された。浄忍庵を合併して明治四十二年に

現在地に移転。戦災で焼失したが、近年復興した。この寺には近松の世話物で世に知られる「小春・治兵衛の心中天網島」の比翼塚がある。また最初に創建された跡地は現在は藤田美術館となっている。

鯰江

竹生島を参詣のため、醍醐天皇《だいごてんのう》が龍頭鷁首《りゅうとうげきしゅ》の船で琵琶湖の薩摩浦を船出なされてまもなくの事であった。にわかに暴風が大波を巻上げてご座船を襲ってきた。

「竹生島は浮島で、その下に隠れ住む、サイといわれる怪物の仕業にちがいありません。この怪物がお船を犯そうとしているです」

と船師が天皇に奉奏した。

天皇は警護の源四郎貞平《さだひら》に名剣・篁《たかむら》重国を授けると、

「よくせよ」

と命ぜられた。

源四郎貞平はその名剣を左手にもち、

「退治たまわりました」

と、水中に飛び込んだ。すると水中は、途端に朱に染まった。

天皇は御感深く、薄墨の諭旨《ゆし》に添えて、貞平は鯰江犀之助《なまずえさいのすけ》と賜り、名を改めた。
このため、鯰江鯰《まなずえ》江犀之助《さいのすけ》の武名おおいにあがり、遠方まで響いたという。

谷間に投げこまれた観音

ある夜のこと。

滋賀県神崎《かんざき》郡猪子《いのこ》村（現・東近江市猪子町）にある正福寺の和尚の夢枕に観音菩薩が現われて、

「元に戻してくれぬか。元に戻してくれぬか」

と懇願された。

翌朝、和尚は目覚めると、

「なんと不思議な夢を見たものじゃ。仏の道に従事しておると、ときおり、仏が夢告を授けると聞くが、昨夜の夢がそうかもしれぬ。じゃが、観音さまというだけで、どこの観音さまやら見当もつかん。それに元に戻してくれとは、いったいどうなされたというのじゃろう……？」

ふむっ、と首を揺って思案をしていたが、思い当たるフシはトンとない。

思案ばかりしていると、寺の仕事がおろそかになるばかり。

「ま、夢に現われた観音さまとご縁があるのなら、また拙僧《せっそう》の夢枕にお立ちになられることだろう」

その夜も僧は疲れた体を寝床に沈めた。しばらくして微睡《まどろ》みかけると、またも、昨夜の観音菩薩が夢枕に立たれた。

「どうなされたのですか？」

和尚が尋ねると、観音菩薩は、

「どうか元に戻してくれませぬか。わたしは猪子山の北向き観音です」

とお告げがあった。

東近江市には「猪子山」と呼ばれる里山がある。高さ約二六八メートルの頂上には巨岩の洞窟があり、その洞窟に「北向き観音」と呼ばれる、石の十一面観音が祀られている。

翌朝、和尚は、これは北向観音さまに何かあったに違いないと山に登ることにした。そうして北向き観音を祀る岩窟に入った。すると、いつもきちんと鎮《ちん》座《ざ》しておられるはずの十一面観音菩薩像のお姿がない。

「やっぱり、こ、この観音さまであったのや！」

和尚は驚いて、岩窟の周囲をくまなく探してみた。だが、観音菩薩のお姿は、とんと見当たらない。

「もはや、拙僧一人で探しても、ラチがあかん」

和尚は村に戻ると、早速、村人たちを寺の本堂に召集し、事情を話して応援を求めた。村人たちは、

「あの観音さまは先祖代々、村を見守ってくださる仏や。そのお姿が見当たらんとは、これは、ただ事ではないぞ」

「まさか石の仏さまが勝手に歩いて、どこぞにお隠れになるはずもないのにな」

「ほらそうや、歩いてお隠れになられたのなら、観音さんは元に戻して欲しいと頼まんでも、自分の足で元の岩窟に帰ってこられたらよいだけのこっちゃ」

「誰ぞが、あの観音さまに願《がん》をかけて、聞き入れてもらえんかったので、腹立ちまぎれにバチ当たりな事をしたのやもしれん」

と思い思いの意見を口にした。

頃合いを見計らって和尚が、「皆で猪子山へ入って、そこらをくまなくお探しししようやまいかい」と告げると、村人たちは、「ほれがよい。皆でお探ししたら、きっと観音さまは見つかるに違いない」と賛同した。

翌朝早くに、和尚と村の男たちは猪子山に入った。山のあちこちを探すこと二刻余り（約四時間）、谷間の渓流に沿って探していると、

「おう、あれは！」

村人の一人が眼下の渓流の浅瀬を指さした。皆がその方向に目を向けると、半身を流れに浸らせて横たわっている石仏が見えた。

「おお、観音さまじゃ」

「観音さまがおられたぞ！」

村人は急いで山肌を下り、観音菩薩の元へ駆けつけた。が、無惨にも、観音菩薩は左の肩先から二つにポッキリと割れていた。

「おいたわしや、こんなお姿にならはって……」

「まずは、元の場所へお戻りくだされ」

和尚と村人は観音菩薩を供養し、元の岩窟に安置した。

それから二日が経った午後のことであった。村の若者が一人、仲間二人に支えられながら痛そうに顔をゆがめて両足を引きずり、竹の杖にすがって和尚の元へ訪ねてきた。

「おお、どうしたのじゃ」

和尚が問うと、その若者は首をうなだれて、

「わしが犯した過ちを、どうしたら償《つぐな》えるやろかと、教えを請いに来させてもろうたのや」

と涙を浮かべた。一緒に来た二人の仲間も神妙な面持ちで首をうなだれている。上目遣いに和尚を見ては、目が合うと、慌てて目をそらす。

ははーん、この三人があの岩屋の観音菩薩を谷川になげこんだのやなと、和尚はピンときたが、ただちに叱りつけるよりも、まずは犯した罪の深さを悟ることが先決じゃと、

「立ち話もなんじゃで、ささ、庫裏《くり》にあがりなされ。白湯でも啜りながらゆっくりとハナシを聞こう」

すると、足のうずく若衆がタタミに両手をつき、額を押しつけたかと思うと、声をふるわせて、

「北向き観音菩薩を谷に投げ込んだのは、このわしです」

と己の罪を白状した。

この三人は博打仲間で、十日ほど前、近在の村で大きな賭場が開かれた折、先の猪子山へ登って霊験あらたかな北向き観音菩薩に必勝祈願に出かけた。こ

の仏さんは一つだけ願い事をすれば必ず聞いてくだはるというので、大博打が開かれる前日に香華《こうげ》を供えて「大勝《おおが》ちしますように」と祈願したという。

ところが意に反し、博打で大負けし、付き添ってきた二人が止めるのも聞かずにヤケ酒を喰らい、その勢いで、猪子山の岩窟から観音菩薩を引きずり出して、谷川に投げ落としたとのこと。その日以来、その若者は体中にうずきがはしる奇病にかかってしまい、他の二人も谷で見た観音菩薩の無惨な姿に恐れをなして、

「犯した罪の告白に来たのです」

と、和尚の膝元にすがりつくのだった。

「よう自分たちの罪を悟って正直《まじめ》に告白をしたのお。観音菩薩は慈悲深い仏さんや。自分の罪を悔い改めようとする者には決してお見捨てにならん。きっと救ってくだはるにちがいない」

和尚は膝にすがりつく三人に、仏の慈悲を懇々と説いて聞かせた。そして、

「よし、これから拙僧と、猪子山の観音菩薩にお詫びに行くのじゃ」

和尚は三人を同道して猪子山へ出立した。すると不思議なことに、奇病にとりつかれた若者のうずきが山道を進むほどに薄れていった。

「観ッ、観音菩薩のご慈悲や」

罪を犯した若者たちは歓喜した。

岩窟に着いた若者三人は、左の肩先から二つに割れた哀れな観音菩薩を目前にし、涙を流してお詫びをした。

すると、たちどころに、その若者の病は、快癒した。

それ以来、三人は、仏心厚い若者になったという。

この観音菩薩は今に、「一つだけ」の願い事をすれば必ず聞き入れて下さると人々に伝承されている。

ヤマトタケル

「東国が安らかでない。蝦夷《えみし》がそむいて民衆を苦しめている」

ヤマトタケルは三十歳の時、蝦夷の平定を命ぜられて東国へ赴いた。その遠征の途次、伊勢にいた叔母の倭乃比売命の所に立ち寄った。

「これをお持ちなさい。必ず、お役にたつ時があるでしょう」

と叔母から草那芸剣《くさなぎのつるぎ》(注1)と御嚢《みふくろ》を賜った。

ヤマトタケルの東征は、危機の連続であった。最大の危機は、策略によってもたらされた野火責めだった。ヤマトタケルに従順すると見せかけた東海の土豪が、

「狩りでもしてみませんか」

とヤマトタケルを野原に誘い出し、四囲から火を放ってきたのだ。

この危機にヤマトタケルは、とっさに、伊勢の叔母の言葉を思い出した。

叔母に貰った嚢の口を解くと、火打石が入っていた。

ヤマトタケルは草那芸剣であたりの草を薙《な》ぎ払い、それに火打石で火をつけまわった。ヤマトタケルは迎え火をもって火難を避けたのだ。

こうしてヤマトタケルは、反抗する東の賊をたいらげ、尾張の国にかえって、ミヤズヒメ（宮簀媛）と結婚した。

「西の悪神も東の悪神もすべて平らげた。都に戻って帝に報告をせねばならぬ。これは叔母に授かった大事なものだが、もはやこれも必要はなくなった。返そうと思う。しばしここに置いて行く。大事に預かっておいてくれ」

と、ミヤズヒメの元に草那芸剣を置いて都へ出立した。その途中、伊吹山の悪神が暴れまわって、里人が難儀していることを耳にした。

「ならば退治してやろう」

とヤマトタケルは悪神を退治しに山に入った。

その途中、山裾で牛のような大きな白猪と出会った。

「これは、悪神の使者であろう。今退治しなくても帰りでよかろう」

と思って登っていくと、俄かに氷雨が降り雹《ひょう》が落ち、ヤマトタケルの正気が失われた。かの白猪こそ使者ではなく悪神そのものであったのだ。命からがら山を下ったヤマトタケルは麓の醒ヶ井《さめがい》玉倉部《たまくらへ》の清泉《しみず》を口にして、しばらく休息すると御心が回復した。

東近江市高木町に白鳥神社がある。

ヤマトタケルは、この地で薨去《こうぎょ》され、白鳥になって天に戻られたという。東近江の石谷、市原野、上二俣、池脇、高木などの村に白鳥神社がある。

隣接の市の近江八幡にも白鳥町、白鳥街道、白鳥川などの地名が多くある。

また、ヤマトタケルが東近江の建部堺町までこられたとき、昼飯を食べられた。その箸をその地にさされたところ、芽がでて大きな桜の木になったという伝説がある。

注1・草那芸剣

スサノヲがヤマタノヲロチを退治したとき、ヲロチの尾の中からでてきたのが「草那芸剣」別名「天叢雲剣《あめのむらくものつるぎ》」である。スサノヲはその剣を天上のアマテラスに献上した。その後、ホノニニギの天孫降臨の際に三種の神器のひとつとして、剣は再び地上にもたらされ、伊勢に祀られた。草那芸剣はミヤズヒメの元で祀ることになり、それが熱田神宮の起源となる。景行《けいこう》天皇の時代は未だ伊勢神宮はなくて伊勢神宮ができたのは天武《てんむ》時代である。という認識にたてば、ヤマトヒメノミコトからヤマトタケルノミコトに草那芸剣を賜るということ自体が架空な物語となるし、ヤマトヒメノミコトも実在した人物の固有名詞というよりも一般名詞であることになる。

孝女ふい

彦根藩三十五万石の第十三代藩主・井伊直弼《いいなおすけ》公が江戸幕府の要職に就かれた頃のこと。東近江清水中村に、年老いた母と病弱な弟の暮らしを支えて昼は田畑に出て働き、夜は糸くりをして一家を支える、ふいという娘がいた。

父が重い病にかかって寝込んでしまった。

ある日、明日をも知れない病の床で、

「ふいよ、わしもいよいよ御聖人《おしょうにん》さまのお膝元に行く日が近《ちこ》うなってきた。そうなるまでに、是非おかみそり(注1)を授かりたいものじゃ」

と父は力のない声で何度も言う。

父親が口にする御聖人さまとは、浄土真宗の宗祖・親鸞《しんらん》のことで、おかみそりとは「おこうぞり」とも言われ、在俗の男女が浄土真宗に帰依《きえ》したことを証するために行なわれる剃髪《ていはつ》の儀式であり、その時、仏弟子となった証として門主より生前に法名をいただく。(注2)法名は、教典の中から二文字を選んで名付けられ、「仏、法、僧」の三宝に帰依し、念仏に生きる者として誓いを立てるのであった。

死が迫る父親の言葉を耳にするほどにふいは、なんとかしてその願いを叶えてやりたいと思い、仕事の合間をぬって先祖代々、信仰している村の願い寺の門をくぐった。ふい家が真宗門徒として信仰している寺であった。

「すンまへん、ふいやけんど、お住《じゅう》ッさんはいやはりますか?」

と庫裏《くり》の奥に向かって声をかけた。お住ッさんとは寺の住持のことである。

「はいはい、どなたさんかな」

住持はふいと目が合ったとたん、

「ど、どないしたんや、その頭は?」

住持は目を丸くして。素っ頓狂な声を張り上げた。

ふいの自慢は腰まである黒髪であった。艶《つや》のある黒髪のことを評してカラスの濡れ羽のようだというが、まさにふいの黒髪は陽にあたるといっそ艶がまし、村の若い衆たちの視線をひく自慢の黒髪であった。その黒髪が肩先でプッツリと切られ、頭の後で束《たば》ねられ切りとったその黒髪を布切れに巻いて、手に握っている。

「あのー、お住ッさんに、お願いがありますのや。お父さんが、おかみそりと法名を授かりたいと言いますので、願いを叶えたりたいと思うて……、ほやけんど家にあるお金はこれだけやし、足らずまいは、わたしのこの髪でなんとかしたいと、おもって切ってきましたんや。田畑の仕事や糸くりの仕事に、この髪は必要ないさかい。それに女の黒髪は高く売れると言うことやし、お住ッさん、これで父に、おかみそりと法名を授けてやってもらえませんやろか」

と、ふいは頼み込んだ。

「なんという父親おもいの娘じゃ!」

女の命といわれる黒髪を、ぷっちり切って頼み込むふいに住持は胸の奥が熱くなったが、おかみそりや法名を授ける儀式は、村の寺で行えるものではない。浄土真宗の総本山の本願寺で門主自らが行ない、受式者を浄土真宗始祖「親鸞聖人」の御影《ごえい》前に座らせて剃髪のしるしを行なって法名が下付されるものである。それにふいの持参した金子《きんす》と、いかに女の命の黒髪といえども、それだけで、この得度は行えるものではない。

住持は、ふいにもよくわかるように言い聞かせた。

「ほうかーぁ、こんなもんでは、おかみそりも法名も授けられへんのか……」

ふいはうなだれて庫裏を後にしようとした。すると、

「ま、待て、ふいよ、拙僧《せっそう》に一つ、考えがある」

住持がふいを呼び止めた。

「ふいよ。隣の村、小田苅《こたかり》村の小林吟右衛門さんをよう知っておるやろうがね。江戸や京、大坂に大店を構え、今では近江一の豪商として世に知られるお方や。その吟右衛門さんは、商売が上手《じょうず》だけじゃない、おまえのような親孝行者や、苦労を人一倍よく知るお方でもある。拙僧は吟右衛門さんと懇意にしていただいておるのでな。おまえを紹介してやろう。会ってみんか。そしてそんな思いのたけをしっかりと話してみよ。きっとお力になってくださるにちがいない」

と誘った。住持が言ったのは二代目・小林吟右衛門(一八〇〇〜一八七三)のことであった。養父である初代・小林吟右衛門とともに十五歳で行商を始め、一八二六年に家督を相続。やがて江戸・京都・大坂の三都へ進出し、両替商なども商って巨富を得た豪商である。彦根藩主・井伊直弼とも親交があり、幕末には攘夷派から狙われた、という逸話も残っている。

「えっ、あの小林吟右衛門さんに!」

ふいは驚いた。と同時に、うれしくなった。小林吟右衛門さんにおすがりすればかならず、父におかみそりと法名を授けてやれる希望の糸が見えたからであった。

「どうじゃな、会ってみるかな?」

と再度、住持に尋ねられ、ふいは「はい」と返事をした。

住持に連れられて小田苅村の小林吟右衛門の屋敷を訪ねた。前もって住持から事前に連絡が入っていたのだろう。ふいが、その部屋に入ると、

「よう来たな、ま、ここへお座り」

と、吟右衛門に指示された。緊張のあまり、ふいが左隣りに座る住持の横で身を固くしていると、

「おまえの親孝行な話は、住持さんから聞かいせてもらっているよ。感動して涙がこぼれた。それで、おまえが親孝行をするために切ったという黒髪の束は持ってきたのかい」

と、吟右衛門に尋ねられた。それは昨日、住持からくれぐれも忘れるなよ、と言われていたので、お住っさんにもらった半紙に包んで用意して着物の襟元にしまっていた。その包みと例の金子を一緒に、吟右衛門の膝元へ差し出した。

するとを吟右衛門は、

「これはよい。おまえが一生懸命働いて蓄えたモノや、もって帰れ。わたしが欲しいのは、この黒髪じゃ。これはわたしの言い値で引き取ることになるが、ほれで良いかい？」

と尋ねた。ふいは、

「はい」

と返事をした。

「そうか、良い物を買わせてもらったぞ。親孝行の黒髪、これより我が家の家宝にさせてもらうつもりじゃ。ささ、些少《さしょう》じゃが、これを」

と、吟右衛門は懐から懐紙に包んだものを、畳に額を擦りつけように伏す、ふいの目の前に置いた。とたんに、ふいは「ひえーっ！」と頓狂な声を上げた。その懐紙に包まれているのは、その厚さといい、大きさといい、尋常な銭の額ではない。

「こない、……、ぎょうさんの！」

と、ふいが叫ぶ言葉の先を制して、吟右衛門が、

「さ、遠慮はいらん。その銭で、ご本山に行って、お父さんに、おかみそりと

法名を授けてもらいなさい。あ、それとな、京都までの道程は遠いし、女ひとりで行くのは物騒でとても行けるもんではない。あぁ、ちょうど良かった、明日の朝、京店へ。品物を届けるのに、ウチから荷隊を出すのでな、その者たちと一緒に連れて行ってもらいなさい。わたしから番頭たちに言っておくのでな」

出立時刻はこれこれじゃと、吟右衛門は、ふいに伝えた。

ふいの目から大粒の涙があふれ出た。畳に額をすりつけて、

「あ、ありがとうございます」

と言うのが精一杯であった。

翌朝、ふいは、法名を授かるのに必要な金子と通行手形を帯の下に巻き、小林吟右衛門家の商隊に加わって村を後にした。片道十三里（約五十二キロメートル）、往復二十六里の道程に足を進めて行った。

ふいは、それから三日の後、本願寺の門主からおかみそりをいただいて、父親が亡くなる寸前に、親孝行を果したことは、言うまでもない。

井伊直弼は江戸城勤務で公儀の要職にあったため、国元の彦根在住はほとんどなかった。在国は延べで僅か三年あまり。そのうち九回も領内を巡見《じゅんけん》してい

る。

「民の暮らしぶりをよく把握し、役人の不法を戒め、親しく村役人の訴えを聞き、農民の苦患があれば取り除かねばならぬ」

直弼は領内の巡見《じゅんけん》におもむいた。

稲作の状況を把握して、荒地の開墾や治水、河川の改修に勤めた。農民の年貢は四公六民の原則を堅く守り、家中の財政窮乏の時も領主自ら倹約、家中の者の俸禄半減、あるいは三分の一減などを行っても、農民の年貢率は決して上げなかったという。

その彦根藩主、井伊直弼が藩内巡見の徒次、東近江小田苅村の豪商、小林吟右衛門の屋敷で宿泊したときのこと。ふいの噂を耳にされ、その親孝行ぶりをほめ、褒美《ほうび》に米十俵を下賜《かし》したという。そのとき、ふいは三十八歳であった。

注1・おかみそり

帰敬式《おかみそり》とは、宗祖親鸞聖人が示された阿弥陀如来さまのみ教えに帰依することを誓う儀式で、ご本山(京都西本願寺)にてご門主より「法名」が与えられる。

注2・法名

法名とは「生前にいただく仏教徒としての名前」で、仏の願いが書かれた経典の中から二文字を選んで名付けられる。

聖徳太子と長光寺

聖徳太子十六歳の時、崇仏派《すうぶつは》の太子を補佐する蘇我馬子《そがのうまこ》と、廃仏派《はいぶつは》の物部《もののべの》守屋《もりや》が仏教の受容をめぐって争っていた。物部守屋《もののべのもりや》は白膠木《ぬるで》（うるし科の落葉小高木）の木に登って、矢を聖徳太子に向かって雨のように降らせて有利に対戦していた。聖徳太子は不利な戦いのなか、その木で四天王像《してんのうぞう》を彫り、「この乱に勝利した暁には、寺を建立し、生涯をかけて衆生救済に努めます」と誓われた。そうして、矢を放たれたところ、みごとに守屋の目に当たり、木から墜落して聖徳太子の勝利となった。

勝利した聖徳太子は四天王像に誓われた通り、摂津《せっつ》国難波《なんば》（現・大阪）に四天王寺を建立されることになった。寺の建立には大量の瓦を焼くための優れた土と、技術を持った職人が必要である。聖徳太子は東近江・箕作山《みつくりやま》の麓の里人がその優れた技術をもっていることを聞かれ、

「つぶさに視察しておこうと思います」

と側近《そっきん》の長《おさ》たちを伴って箕作山の麓の里に足を運ばれた。そして太子は、この里人の技術の高さと、焼かれた瓦の良さを御覧になり、

「この里人の技術と情熱に、感動しました」

と四天王寺の大屋根に葺《ふ》く瓦を発注された。と同時に、この里近くに無事に瓦が焼き上がるのを仏に祈願するための瓦屋寺《かわらやじ》を箕作山の中腹に建立された。

そして、

「瓦が無事の焼き上がるまでの仮宮(仮住い)を設けてくれぬか」

と仰せになった。それには側近も里人も驚いたが、太子のたっての願いとあって、

「私どもが早急に、よき場所を選びましておつくり申しますゆえ、今しばらくお待ちくださいませ」

と、引き受けた。こうしてその年の秋、四天王寺の瓦の土の採掘《さいくつ》も終わり、試作品の識別も済み、いよいよ焼く作業に取りかかろうという頃、仮宮が完成し、その報せが飛鳥宮の太子のもとに届いた。

「早々に出立《しゅったつ》いたしましょう」

太子は高階《たかしな》の妃《きさき》を伴って箕作山の麓の仮宮に向かわれた。里長が仮宮と定めたこの地は老蘇《おいそ》（注1）の森に建造され瓦を焼く里の様子が一望できるように配慮されている。里長の案内で仮宮に到着された聖徳太子は、その縁に立たれ、

「おお、妃《きさき》よ。瓦を焼く竈《かまど》の煙が幾筋も、あのように天にのぼっている。さぞや御仏も、瓦の焼き上がりを心待ちにしておられることでしょう」

と太子は賞賛《しょうさん》された。それから聖徳太子は、月に七日の間、妃を伴ってこの仮宮に逗留されるようになった。

そんなある日のこと。女官の長《おさ》が満面に笑みを膨らませて、太子の膝元に平伏すると、

「吉報でございます。お妃さまが、ご懐妊なされました」

お喜びの報告をした。

「おお、なんと、御仏《みほとけ》をお護りする伽藍の瓦を焼いている最中に、妃が懐妊するとは！　まさに吉報です。妃と、その喜びを分かちあわねばなりません」

太子は、すぐに、妃のもとへ向かわれた。

ところが妃は、懐妊後、悪阻《つわり》が重く苦しんでおられた。

そんなある夜のこと、

「妃の胎内には聖者がお宿りになっている。東南の方角に小山があり、そこには仏生国より飛んできた栴檀香木《せんだんこうぼく》がある。それを用いて、御仏を彫らば容易に戴誕《たいたん》なすべし」

とお告げがあった。そこで太子はお告げの通り、

「妃の懐妊を守ってくださる、み仏を刻みたい」

と願われて夢に現れた三十余町先の森の彼方に目をむけられた。すると、いとあやしき光がさしていた。早速、太子はその場所に行啓された。そこには白雲が漂い観音の居所・補陀落《ふだらく》より飛んで来たと伝わる、青、黄、赤、白、紫の五色に輝く霊石があった。そして、そのそばに香ばしい香りと瑞光《ずいこう》を放つ香木がそびえていた。

太子は、

「妃をお護りくださる、御仏を、これで刻もう」

と仏法の加護を願いながら千手観音菩薩像を彫られた。そうして、太子は妃に告げられた。

「諸仏の慈悲を願いなさい。なれば無事によき子を授けてくださるでしょう」

妃はすぐに、仏に加護を願われた。すると、元気な王子が誕生した。

その奇瑞に感激された太子は霊石の上に本堂を造営された。それがこの寺の始まりとされ、この地を「木村」と号《なづけら》れて安妃山誕生院《あんきざんたんじょういん》、長光寺《ちょうこう》（近江八幡市長光寺町）の勅命《ちょくめい》を給《たも》わされた。

そして聖徳太子は、

「我ガ弘ムル仏法末世ニ及ビ益々隆盛ニ赴《オモム》カバ、コノ木モ亦《マタ》年々ニ成長シ、春秋ニ季ノ彼岸ニ必ズ、ハナヲ開クベシ」

と申され、一本の箸《はし》を地に刺されたところ、それがのちに大木《たいぼく》に繁茂した。毎年四月上旬に開花するこの木の花は、濃紅色で五重の花弁は蓮華に似て二十五しべになっており、二十五菩薩の相にみえる。いつの頃からかこの木に祈願すると安産し、諸病も快癒《かいゆ》すると言われ、やがてこの寺は、「安産の寺」と信仰されるようになった。

注1・老蘇

老蘇の森（滋賀県近江八幡市安土町）は万葉の昔から多くの歌人や旅人によって歌に詠まれ「歌枕」としても名高い森である。孝霊天皇の時代に石辺大連《いしべのおおむらじ》が神の助けを得て松、杉、檜《ひのき》などの苗木を植えて祈願したところ、たちまち生い茂り大森林になったと伝わる。後にこの石辺大連は百数十歳まで生きながらえたので、人呼んで「老蘇」（老が蘇る）と呼び、「老蘇の森」と呼ぶようになった。この森は平安時代には広く知られるようになった。

災いこそ好機

「大変《どえらい》ことになったもんや。一時《いっとき》も早う、売掛金の回収をせんと店の屋台骨《やたいぼね》まで壊れてしまうぞ」

小杉五郎右衛門《こすぎごろうえもん》は苦境に落ちた。小杉家は五個荘《ごかしょう》竜田《たつた》村の旧家で、当主は代々、五郎右衛門を名乗っていた。先祖は織田信長に滅ぼされた佐々木氏の家臣・位田源右衛門の配下の武士であったが、佐々木氏滅亡後に帰農し、子孫数代を経て加賀、能登、越中、北陸諸国に行商、近江商人として今日の基礎を築いてきた。現当主、十一代の五郎右衛門は金沢を中心に北陸諸国に絹布《けんぷ》を持ち下り、薄利多売で着実に家業を進展させていた。

その矢先に加賀藩《かがはん》での「棄損令《きそんれい》（注1）」の発布である。棄損令とは借金、借財をチャラにしてもよいとする法律であった。「ほんな、殺生な！」と頭を抱えて不平をはいても、領主からの命令であれば、どうにもならぬ。

「番頭さん、みんなの出立《しゅったつ》の準備は整ったかい」

大店《おおだな》の主人が本家を留守にして売掛金の回収に奔走《ほんそう》するなど滅多にあるものではない。だが、今回ばかりは大店の面子《めんつ》など気にしている場合ではない。大額の売掛金が一瞬にして、ゼロになってしまうのは、明白だった。

「支度を整えて、旦那さんのご指示をお待ちしております」

早速、五郎右衛門は番頭・手代・丁稚までも引き連れて、金沢へ売掛代金の回収に向かった。

だが、馴染みの取引先で支払いを求めても、

「この度の棄損令でわたくしどもの取引先も、支払いを全くしてくれませんので、てまえどもではお支払いするお金などございません」

懇意にしていた商店でも棄損令をタテにして、ビタ一文支払ってくれない。

「これまでか」

万策尽きた五郎右衛門は、ついに重い足を引きづって郷里に戻ってきた。そして、五郎右衛門は日夜の苦慮と無理が災いしたのか、ついに床に臥《ふ》せってしまった。

そんなある日のこと、松居遊見《まついゆうけん》が、五郎右衛門は売掛金の回収に失敗し、心

労の余り床に臥せっていると聞きつけて、

「励ましてやろう」

と小杉家を訪ねてきた。

遊見は、近江商人の信条「三方よし」を実践する近江一の豪商として名高く、五郎右衛門とは同じ在所の商人だった。

遊見が家人に案内され、五郎右衛門の寝所に顔を出した。

五郎右衛門はやせ細った体を寝間着に包み、家人に身体《からだ》を支えてもらいながら上半身を寝床から起こした。その姿は目はうつろで首をうなだれ、すっかり気力が萎《な》えている。遊見と目を合わせるなり、死人のような目に涙をため、

「遊見さん、この店、もうあきませんわ」と声をしぼりだした。その痛ましさに遊見は、

「おお、大事ないぞ。わしが立ち行くように応援してやる。心配するでない」

と同郷のよしみ、五郎右衛門を救ってやろうと思ったが、突然遊見は、カッと両眼をむいて、心を鬼にした。

「おまいほどの商才にたけた商人が、ほんな弱気なことで寝込んでしまうとは、なんと情けないッ。ほれでは立派な近江商人とは言えんではないか。ましてや、

おまいを目標にしている若い者《もん》らが、こんな弱腰を知れば、どれだけ落胆することかッ。しっかりせいっ！」

と大喝《だいかつ》した。あまりの遊見の大喝に、五郎右衛門は真っ赤な目を見開いて、カッと、遊見を睨みつけた。

「ウムーッ」

遊見は唸った。

「五郎右衛門。おまえの目は、まだ、生きているぞ。禍福はあざなえる縄のごとしという。禍を転じて福となす。苦境のいまこそ商いのチャンスではないのか。それでもこんなことで失望落胆するなら、このまま早く死ね！」

松居遊見は目を吊り上げてそれだけ言うと、五郎右衛門の寝所をたち去った。

五郎右衛門は寝床から、ガバッ、と身を起こした。

「おう、遊見さんの言葉で、わしの目からウロコがおちた。棄損令で他国の商人は、いま加賀には近寄らぬはずじゃ。ということは、かの地は物資が不足しているにちがいない。誰もが手を引く今こそが商《あきな》いの好機じゃ。この機《き》に乗じて現金商売に徹しよう。売り手よし、買い手よし、世間よしの商売の基本に立ち戻るのじゃ」

五郎右衛門は棄損令《きそん》を逆手に取り、遊見の後押しをも得て、大量の商品を仕入れて金沢に出かけ、現金販売、掛け値なしの薄利多売に徹して歓迎された。

やがて金沢では、棄損令以前の売上金まで支払う店まで現れたという。「苦境の時こそが、商いのチャンスだ」とする、近江商人らしいエピソードだ。長きにわたり家業を存続させてきた近江商人の、経営が苦境に陥った時の対処方法を的確にあらわした好例である。五郎右衛門家は禍を福に転じて見事によみがえり、旧に倍して繁栄したと今に伝わっている。

注1・棄損令

天保八年(一八三七)徳川十一代家斉治政下、大塩平八郎の乱、静岡富士郡のデモ、大坂打壊し、大坂能勢郡の一揆騒動、長野飯山藩の一揆、新潟柏崎の陣屋襲撃事件。天保大飢饉によって棄損令が出た。

歌詰橋

愛荘町《あいしょう》の宇曽川《うそ》に架かる歌詰橋《うたづめばし》には、平安時代の英雄・藤原秀郷《ふじわらのひでさと》と東国（関東地方）で自ら新皇と称した武将・平将門《たいらのまさかど》(注1)にまつわる、次のような伝説がある。

平安時代の中頃のこと。

東国より都にのぼる藤原秀郷率いる数千名の将兵が、意気揚々と隊列をくんで宇曽川の土橋までやってきた。

この隊列は東国で猛威をふるった将門軍を征伐し、その頭目・平将門の首級《くび》を朝廷に献上するために上京《じょうきょう》を急ぐ秀郷の凱旋《がいせん》の将兵たちである。街道の両脇は、その凱旋軍を迎える人々の歓声であふれかえっていた。

将兵の隊列が粛々と続く中、

「あれが凱旋将軍の俵藤太《たわらのとうた》さま……、いや、いや、今はそうお呼びするのやなかった、藤原秀郷さまじゃ。それにしても、お手柄を立てられて一段と凛々《りり》しいお姿になられたものよ」

「ほんに、そうじゃのう。三上山《みかみ》の大ムカデを退治して、近江の大難を救ってくださったあの時も凛々《りり》しかったが、今は、ほれ（それ）以上じゃ」

沿道の人々はそう言い合って、狩衣《かりぎぬ》姿で騎乗する秀郷に礼を尽くした。人々が言う「三上山の大ムカデ退治」とは、秀郷が「俵藤太」と呼ばれていた頃に、琵琶湖に棲まう竜王の姫に見込まれて、湖の魚をことごとく喰い殺して湖で生活を営む人々を恐怖のどん底に落とし入れていた三上山の大ムカデを、秀郷が得意の弓矢で退治した出来事のことであった。

秀郷も、その時のことを思い出しながら、懐かしい村人を馬の背より眺めて微笑んでいた。そうこうする内に、秀郷が率いる凱旋軍は、宇曽川に架かる土橋にさしかかった。

この橋を渡れば後は、都の四堺の一つ「逢坂《おうさか》ノ関まで半日の距離である。当時、賊徒の首を都に持ち込むことは穢れを招く不吉なものとして、御法度。その関所で都よりやって来る検非違使《けびいし》たちによって首魁の首実検が行われる予定であった。賊徒の首魁・平将門の首級を持ち帰った秀郷の任務も、そこで一区切りがつくというものだ。

秀郷は重い荷を背から降ろしたような安堵の気持ちに包まれ、ふーっと吐息をもらし土橋を渡りはじめ、その中ほどまで進んだ時だった。

突然、将門の首桶を担いでいた隊列から、

「くッ、首が暴れだしました」

騒々しい奇声があがった。

「何事かッ!」

秀郷が馬の背から後列に目を向けると、桶を打ち砕かんとするのか、首桶が宙を舞い、ドスッ、ドスッと奇怪な打音を響かせてこちらに向かって来、その後すぐに、首桶がバキッ、と破壊された。そうして、その首は両眼を剥き、歯をむき出して怒りの形相もの凄く、秀郷めがけて飛んできた。

後続の将兵たちは、あまりの事に為す術を知らず、右往左往するばかり。だが、さすがに秀郷を守る側近の将たちは違った。腰の太刀を引き抜いて、

「おのれ将門ッ、鬼首と化したかッ」

と叫び、挑みかかっていく。

だが、鬼と化した将門の首には太刀打ちできず、その妖術に馬から打ち落とされ、あるものは橋より川へ放り投げられた。それを見た他の将兵たちも腰を

抜かして、橋の上を這い回るばかり。とうとう橋の中ほどで、将門の首と秀郷が対峙し、一騎打ちとなった。

「おのれ秀郷、よくも吾が野望を打ち砕いてくれたなッ。都へ凱旋はさせぬぞ。この橋の上でおのれを討ち果たし、地獄へ道連れにしてくれようぞッ」

鬼と化した将門の首は、騎乗の秀郷より二間ほど斜上の宙に留まり、秀郷を睨み据えて襲いかからんとした。

と、その一瞬、秀郷の脳裏に、この危機を乗り切る妙案がよぎった。平将門は猛将として恐れられ戦の才に長けてはいるが、有能な武将のたしなみの一つ「歌」には疎《うと》いと聞く。ならばと、秀郷は将門の首に向かって、

「そこもとは天下に名を馳せた勇将なれば、この秀郷、この場で、そこもとに討ち取られようとも武将の誉れ。また勇将なればこそ、将のたしなみもさぞや精通されているとみた。心の動揺なくば、歌を一首、所望。いかがであろう」

そして瞬時に、

「衣のたては，綻《ほころ》びにけり」

秀郷は和歌の下の句を詠い、上の句を求めかけた。

すると、たちまち将門の首に動揺の色が浮き出た。

返歌に詰まった将門の首は、

「うおおーっ」

と隠って、ポトリと橋の上に転がった。

秀郷はすぐに、「年を経し糸の乱れの苦しさに」と、上の句を読み上げた。

それ以来、

「あの平将門が、返歌に詰まった橋や」

といわれ、いつの頃からな「歌詰橋《うたづめばし》」と呼ばれるようになったと伝わっている。

京に届けられた平将門の首は六条河原に晒《さら》されたが、いつのまにか天空を舞って、現在の東京都千代田区大手町の「将門の首塚」の地に降りた。将門を討った藤原秀郷は、朝廷より従四位下《じゅしいのげ》の位階を授けられ、鎮守府将軍に任命された。

注1・平将門

今からおよそ一千年昔の平安時代、下総国の相馬郡(現在は茨城県)で、桓武《かんむ》天皇から五代の末裔となる平将門は、父親の病没後、遺産として残された土地を叔父の親族に掠め取られてしまった。それでも我慢を重ね朝廷から与えられた牧官としての任務にひたすら励み、馬の飼育をしながら土地を開拓し続けた。しかし、それでも執拗に親族に土地を狙われた。そこでしかたなく、ついに将門は逆襲し、叔父国香を討った。さらには常陸《ひたち》の国に逃げ込んだ敵を討ったことなどで、勢いに乗じて関八州を奪い、八幡大菩薩の託宣を受け、自らを親皇と称し、相馬郡岩井の地に居館を構えた。そうして弟ら主要な配下に坂東《ばんどう》（関東地方の古名）の各国の受領を任命するなどした事で、ついに逆賊の汚名を受け、朝廷による追討軍が結成された。しかし、その到着よりわずかに早く、天慶四年（九四〇）二月十四日に下野《しもつけ》の国、田原辺りに住む俵藤太（藤原秀郷）に討たれ、その首は、京都に運ばれ、四条河原に晒されたという。

仏壇の花瓶の水

田植がすんだ頃から乙女浜《おとめはま》村（現・東近江市乙女浜町）で、キツネにたぶらかされるという、奇怪な出来事が多発しだした。

村の隠居が、夕涼み方々、庭先の床机で好きなお酒を、チビリ、チビリと飲んでいると、背後の頭上で女の声がした。ふり返ると、白塗りの若い旅芸人の女が母屋の屋根で宙返りをして、にやっと微笑《ほほえ》んでいたとか。

村役の一人が田畑の様子を見て回っていると、美しい娘に道を尋ねられ、その場所へ案内している内に、いつの間にか十里（四十キロ）も離れた丹波《たんば》の国境まで来ていたとか。とにかくそんな奇妙な出来事が頻繁《ひんぱん》に起こっていた。村の古老たちは、

「悪キツネの仕業にちがいない」

と警戒するようになっていた。

だが、若い衆たちは逆に、顔を突き合わせては、

「ほの（その）悪キツネは、どえらい、べっぴんさんに化けるそうや。年寄りの前ばかり出んと、わしらの前にも出てきて欲しいもんや」

「まったくや！」

と、おもしろがっていた。

とくに、村一番の男前と評判の与太郎は、

「ほんな悪さをするキツネが、もし、わしの前にあらわれよったら、こっぴどく懲《こ》らしめてやる」

と鼻息を荒くした。

そんな仲秋のある日の午後、豊作を祝う秋祭りが無事に済み、そのニワハキ（打上げ会）を開催することになった。

「村長《むらおさ》から祝いのごっつぉ（ご馳走）がいっぱい届けられてよ。酒もぎょうさんきているで」

村の若い衆たちが与太郎を誘いに来た。与太郎は祭が、無事にすんだので、これから許嫁《いいなずけ》のおまきの家へ顔を出そうと身支度をしているところであった。だが、村の若衆が集まると聞いては放っておけない。しかたないので頃合いを

見計らって中座し、おまきの元へ行けばよいと、

「ほうけ、そら楽しみや!」

与太郎は誘いに来た若衆の後について、会議所(集会所)へ向った。


村の会議所には若衆たちがぞくぞくと集まって来た。

皆が思い思いの席に着くと、ご馳走と酒を囲んで打ち上げの会が始まった。

豊作の秋祭りの祝い席は羽振りが良い。ご馳走も酒もたっぷりある。日頃のうっぷんを晴らすのはこの時とばかりに、若い衆たちはよく食って、よく飲んだ。

そうして宴《うたげ》もたけなわになったころ、

「お楽しみのところを、すんまへん。与太郎さんはおられますか?」

と一人の婆さんが会議所に顔を出した。

はて、見たことのない婆さんやが! と与太郎も他の若い衆たちも顔を見合わせたが、なにせご馳走と酒がたらふく腹におさまり、酔った勢いで気持ちも大きくなっている。

「わ、わしが与太郎やが、なんぞ用かいな?」

与太郎は宴席を離れ、婆さんが控えるカマチの前に進み出た。すると、婆さ

んは丁寧に一礼をし、

「おまきさんから言付けを頼まれましてな。ちょっと用事があるので来て欲しいと言うてはりますのやけんど」

与太郎を迎えにきたとのことだった。それを耳にした村の若い衆たちはたちまち酒で朱に染まった相貌《そうぼう》を崩し、

「ちゃはー、おまきてかい。ヒック、与太郎やい、ま、恋しい、恋しいおまきちゃんの、用やったら許したろ。早う行ってこい。ほいで用事を済ましたら、すぐに戻ってこい。待っているのでな。ふざけあうのも、ほどほどにしてな」

酔った勢いで、からかいながら与太郎を送りだした。

「一目、おまきに会うたら、すぐに戻ってくるでな。飲み直しをやろう」

与太郎は、酒でしびれた顔に笑みを作って婆さんと、一緒に会議所を出ていった。それなのに、与太郎はいつまでたっても、会議所へ戻ってこない。

「うっひゃー、よう食って、よう飲んだぞ。ヒック、ウィィー。ほんでや、ぼつぼつ行灯《あんどん》に火を入れなあかん時分になったというのに、与太郎はまだ、もんでこんがな」

年頭《としがしら》の粂蔵《くめぞう》が酒でしびれた顔を左右に振り、隣の若い衆に尋ねた。

「日頃からお気に入りのおまきさんや。満足させんならん事もぎょうさんあるやろう。ほんなに早ようは、帰《も》んてこれんのや」

「わははーっ、ほんまやほんまや。ほうにちがいない」

若い衆たちは思い思いに、与太郎とおまきの二人の様子を想像しながら大笑いをした。

ところが与太郎は、それからもいつまでたっても戻ってこない。

「わしらを放っておいて、いつまでオマキといちゃついとーるつもりや。そーっとおまきの家へ行って二人の様子を覗き見してこよう」

おまきの家は会議所から四丁（約四三〇メートル）ほど離れた西の山麓にある。

秋の陽は山陰に沈むと、暮れるのが早い。

粂蔵たちは、秋の夜風に酒の酔いを醒まさせながらおまきの家へ向かった。

どのくらい歩いたろうか、その途中、

「おや、見覚えのない野小屋が、こんな所に建ってるぞ！」

先頭を行く若い衆の一人が叫んだ。その場所は村の長老・岩吉父《いわきちとっ》つぁんの畑である。小屋はつい先程、建てられたのか、と思うほど真新《まあたら》しい。

「ほやけど、岩吉はんもけったいな場所に野小屋をたてたもんやなーぁ。耕作地が削られて、収穫がだいぶ減るやろに」

若い衆たちが首を傾げていると、小屋の戸口がスーッと二寸(約七センチ)ほど開いて、中の明かりが洩れてきたのと同時に、小屋の中から、

「ちゃはー、こそばいがな！　おまき、やめてくれやい」

と与太郎の声がした。

「おえ、与太郎のヤツめ、こんな所で、おまきといちゃついとるぞ！」

条蔵たち村の若い衆が、ソーッと戸の隙間から小屋の中をのぞきこんだ。すると、顔中泥だらけにした与太郎が、顔の前に浮かぶ提灯の明かりに向かって、ニタニタしながら独りで戯れているではないか。

条蔵も若い衆たちも、仰天し、

「おい！　与ッ、与太郎、何ッ、何をしとるのやいッ」

と叫んで力任せに戸を開け、与太郎を抱えた。

「えへへぇー、おまきがな、おまきが白粉《おしろい》を塗ってくれて、腋《わき》の下をこそぼりよるのや。へえッ、へぇへぇー」

弥太郎は焦点の合わぬ両目を宙に泳がせ、涎《よだれ》を垂れて訳のわからぬことを口

走るばかり。

「こ、こりゃあかん。きっと悪キツネの仕業にちがいない。与太郎はだまされているのや」

「このままにしておいたら、気が狂ってしまいよる。なんとかせな」

「おい、与太郎。しっかりせんかッ」

条蔵は与太郎を正気に戻そうと、ほっぺたを叩き、若い衆たちも躰を揺すった。だが、与太郎は涎を垂れ、焦点の合わぬ目を宙に泳がせながらニタニタし、

「おまきがなーぁ、わしをこちょぼり（こそぼる）ながら白粉《おしろい》を顔に塗りまくりよるのや」

と言うばかり。しかも、ふと気が付くと、野小屋は跡形もなく消えていて、畑の隅にある肥溜《こえだめ》の側にいるではないか。

「うっひゃー、与太郎が顔に塗りたくっとるのは泥やのうて、肥溜のクソやがなッ！　こりゃたまらん。くさい！」

条蔵たちは顔をそむけたが、このまま与太郎を放っておくわけにはいかない。何ぞ、正気づかせる良い手立てはないものか、と皆で頭をひねっていると、条蔵が、あることに気付いた。

「あっ、そうや！　わし、オジイから、キツネに憑《つ》かれたら仏壇の花瓶の水を飲むと正気に戻ると聞いたことがある。わしの家はすぐそこやさかいに、取ってくる」

条蔵は、ダダーッと家へ向かって駆け出した。

すぐに、条蔵は息を弾ませながら仏壇の花瓶を握りしめて引き返してきた。

「さぁ、与太郎。早うッ、はよ、この水を飲め！」

条蔵は弥太郎の鼻をつまんで口を開けさせると、花瓶の水をノドに流し込んだ。すると、与太郎はゲホゲホと咽《む》せ、両目を白黒させてたちまち正気にもどり、

「わし、いったい、ここで何をしてたのやろう」

怪訝《けげん》な顔をして条蔵と村の若衆たちを見回した。

垣見の里

東近江の名もない里の竹藪《たけやぶ》を、取り囲むように真っ赤な椿《つばき》の花が咲き乱れていた。その頃、時の帝の桓武《かんむ》天皇が春まだ浅い、二月十七日のこと、近江の国を行幸なされた。

ここをお通りになった天皇は、藪を取り囲んで咲き乱れる真っ赤な椿の花をご覧になって、

「おお、見事な！　まさに花の垣よ。花垣の里よ」

とお褒めになった。

それによりここに住まう里人たちは、

「天子さまがお褒めくだはったこの誉れを、のちのちまで残そうやまいかい」

ということになり、この里を、「垣見《かきみ》の里」と名づけ、天皇が行幸なされた日を祝うことにした。

毎年二月十七日に村の氏神《うじがみ》さまにお神酒《みき》を供えてお参りし、それを持ち帰り、手打ちうどんが振舞われて、夜通しで「十七講」と呼ばれるお祝いの宴《うたげ》を催すという。

ごっぽけの竿

　出在家村の雑貨商の源八《げんぱち》が、日用品を近江八幡で仕入れて、田舟《たぶね》に乗って大《おお》中《なか》の浜まで戻ってきた。

「そろそろ水深が浅くなってきたぞ。竿《さお》に変えるか」

　原八は、田舟を漕ぐのを竹の竿に変えた。沖に出て水深が深いと櫓《ろ》で漕《こ》ぐが、浅くなると竹の竿に変えて漕ぐ。その方が櫓よりもスピードが出やすいのだ。

　源八が竹竿に変えて其処まで戻ってくると、湖面がぐーんと、暗くなってきた。

　暗くなってこの辺りを舟で通ると、織田信長が明智光秀に京の本能寺で討たれた時、

「明智の軍が攻めてくる。女たちはなぶりものにされる」

と安土城の留守居をして居た大勢の姫や女中や子どもが、逃げ場を失い、安

土山から琵琶湖に身投げした。そんな遺体が湖面を埋め尽くし、その亡霊が火の玉となって現れると言う。

その他にもこんな噂もあった。

「昔ここで嵐で遭難した西国巡礼の人々の亡霊が、火の玉になって飛んでくる」

という。

もしやこの火の玉に取り囲まれると、それに出くわした人は、必ず狂い死にすると言われている。

「つるべ落としの秋の空という。今しがた陽が落ちたというのに、はや暗くなってきたぞ。どうか火の玉よ、出んでくれよ」

源八が念じ終わると同時に沖の方から無数の火の玉が、水面ぎりぎりに、ふわりふわりと揺れながら飛んできて、源八を取り囲んできたのだ。

「ひえーッ」

源八はこわくなり、火の玉を湖面に叩き落とそうと、無我夢中で竹の竿を振り回まわしていた。するとどうしたことかその中の一つが、「こぼっ」と竿先のごっぽけに入った。

「このやろう」

源八は咄嗟《とっさ》にそのごっぽけを、頭に巻いた鉢巻きで蓋《ふた》をした。すると、どうしたことか、あたりに無数にとんでいた火の玉が、とつぜん消え失せた。

この噂を聞いたこのあたりの船頭たちの間で、竹竿の上を、約三寸（約一〇センチ）ごっぽけ切りにする風習になったという。

ガオウが来るぞ

織田信長《おだのぶなが》が天下布武を旗印に大軍を率い、次期将軍を狙う足利義昭《あしかがよしあき》を奉じて、上洛《じょうらく》を果たそうとした時のこと。近江源氏の名門で南近江の大半を領有していた観音寺城城主、佐々木承禎《しょうてい》義賢《よしかた》・義治《よしはる》親子のもとへ、信長の使者がやってきた。用向きは、「足利義昭公が上洛されるゆえ、その領地内適行の許可と協力支援を請う」というものだった。

六角承禎親子は最初、「尾張の成り上がり者が」と歯牙にも掛けぬ様子で無視を決め込んでいたが、義昭公の親書を添えての再三の要請に、

「家臣を集めて審議いたすゆえ、しばしお待ちくだされ」

との返事を使者にもたせて帰陣させた。そうして六角承禎親子はしぶしぶ東近江の支城を預かる領主たちを集め、重臣会議を開いた。大評定《だいひょうじょう》の場では、

「織田のうつけ(馬鹿者)めが、こしゃくにも居丈高に、足利義昭公を次期将

軍に奉じて上洛するための我が領地通行の許可と支援を求めてきよったわ。ふん、わしの存念は否としたいところじゃが、皆はどう思うか」

六角承禎義賢は苦虫を噛み潰したように顔をゆがめて重臣たちに尋ねた。

「なんという身の程知らずのうつけじゃ。一歩たりとも我が佐々木家中の領地を踏ませるものではない。大殿のご意見に賛同いたす」

「尾張の成り上がりが如何ほどの者ぞ。もし、居丈高に我が領地を踏みにじることあらば、合戦つかまつって弓矢に物を言わせるまでのこと」

「そうじゃ、そうじゃ」

と、評定の場は六角承禎義賢に賛成する意見で満ちあふれた。ところが一人、その意見に反対する者がいた。観音寺城の支城の一つ種村城を居城とする種村高成《たかなり》であった。高成はその場にすっくと立って、

「織田信長は決してうつけ者ではござらんぞ。凄まじい戦の鬼神でござる。その鬼神が率いる尾張の軍団を見くびってはなりませぬぞ」

声高に意見を述べた。種村高成は六角承禎親子の親族にあたる重臣の一人である。

評定の場はたちまち騒然となり、高成に非難の声が飛び交った。

「御身は殿のご親族でありながら、何ゆえそのような物言いをなさるのか」

一人の重臣が高成に食って掛かった。

「今までの信長軍の戦いぶりを、皆も、ようご存じであろう。それに我が家中は先の内紛以来、家臣の結束は甚だつたなく、もし戦にでもなれば、今の佐々木家では太刀打ちできぬ、と申しておるのでござる。そのような事もわからぬようでは、重臣としての勤めもはばかられまするなッ」

高成が血相替えて進言した内紛とは、その当時、佐々木六角家当主だった六角承禎義賢の嫡子義治が、日頃からうとましく思っていた忠臣の一人を謀殺《ぼうさつ》するという事件であった。それがきっかけとなり、家臣同士の内紛が勃発、家中は混迷してきた。表向きは何とか治まったものの、その火種はいまだ、くすぶり続けている。

「なッ、なんという申され方じゃ。吾ら重臣をうつけ揃いとでも言われるかッ」

重臣たちは怒気もの凄く、高成に詰め寄ってくる。六角承禎親子も捨て置けぬ物言いとばかりに、一段高い殿座より身を乗り出して、

「いかに身内といえども言葉が過ぎるぞ。その方はよもや、信長の回し者になりさがったのではあるまいなッ」

と高成を睨《にら》みつけた。

高成はよほど腹に据えかねたのか、顔を真っ赤にして、

「殿も殿なら、家臣も家臣じゃ。今、信長に従わなくば佐々木一族は滅びるというに。ええーい、このような評定で時を損じるは無駄というもの。これにて退出いたす」

高成は吐き捨てるように言い、荒々しく評定場を退出した。

ところが評議は、

「信長如き田舎悪党の通行まかりならぬ」

と決定した。しかも種村高成の評定場での言動に不審を抱いた六角承禎親子はただちに蒲生賢秀《がもうかたひで》・氏郷《うじさと》親子を密かに呼び寄せ、

「種村高成は織田信長に気脈を通じておる、討て！」

と命じた。

いかに密命とはいえ、壁に耳ありの例えのごとく、日野の蒲生家の動きが怪しいことは、すぐに種村高成の耳に届いた。城内では急ぎ、非常事態への準備が開始された。そして、日を追うごとに城の様子がおかしくなっていくのを領民たちは、

「お城で何事か起ったに違いない」

「ほんまや、将兵たちのあの姿は、戦支度や」

と城内を覗いては、互いに顔を見合わせて囁きあっている。

そんなある日、とんでもない噂が領民たちの耳に入ってきた。

「なんでも、高成様が観音寺城の評定《ひょうじょう》の場で大殿親子に暴言を吐かれた挙句、織田信長と気脈を通じていたとして成敗されるそうや。その先鋒をつとめるのが、日野の蒲生家やそうな」

領民たちはその噂が事実だとわかって恐怖のどん底に落ちた。

野良仕事どころではない。

村人たちは村長の家に押し寄せ、

「蒲生の軍が攻めてくるというやないかい」

「佐々木家中で最も強大な軍団やそうな。殿さまは太刀打ちでけるのかい」

「ほんなもん、無理にきまっとるわい。まさに鬼神が如きやそうな」

「うっひゃー、鬼神が攻めてくるのけぇ！　ほしたら城も村も、全滅じゃ」

「恐ろしやぁー、鬼の蒲生が攻めてくるぞ、鬼じゃ、鬼じゃ、鬼の蒲生がくるぞ」

と大騒ぎになった。

領民たちが言うように、蒲生軍は佐々木家の家臣団の中でも、ずば抜けて強い軍事力を誇っている。

それに比べて、種村城は大同川の流れが堅固に守っているとはいえ、将兵の数も少なく、蒲生の大軍が攻め込んでくればひとたまりもない。領地や領民が戦禍にあうのは必定、領土は風前の灯火である。

種村高成は、これほどまでに事が大きくなるとは、思ってもみなかった。家中の事情と先行きを見据えて忠言したまでのこと。ましてや怨敵信長に内通するなどもってのほか。

「不本意ではあるが、もはや、やむをえぬ」

高成は主君の六角承禎親子に侘びを入れることにした。そして、この出来事はなんとか無事に解決し、蒲生の軍団に攻め込まれる危機を脱したのだった。

だがその蒲生軍への領民の恐怖は、それ以後も、領民の潜在意識に強く残る結果をもたらした。以来、

「蒲生は怖い。怖い蒲生が来るぞー」

と子どもがいたずらをしたり、親の言うことを聞かなかったりした時のしつけに、

「言うことを聞かん子には、蒲生が来るぞ！」

と叱ったり、宥《なだ》めたりするようになった。そして、時代の変遷とともに、その言葉が転訛して、

「ガオウ（蒲生）が来るぞ！」

になったという。著者も子どもの頃は、「ガオウ」と聞いただけで、どんな怪物がくるのやろか！　と、怖気《おじけ》て、すぐにいたずらを止めたものである。

さて、永禄十一年（一五六八）九月、織田信長の近江侵攻が開始された。これに対して佐々木六角承禎親子は、和田山城を最前線として陣をしいた。その北東端には佐生《さそう》城、南方には箕作山城や小脇山城、布施山城、永光寺城、西方には円山《まるやま》城などの支城群が戦闘準備を整え、信長軍を挟撃《きょうげき》するために待ちかまえていた。しかし、信長は六角方が立て籠もる最前線の和田山城には目もくれず、一番奥の箕作山城を夜襲で一気に攻め立て、落城させた。

これを知った六角承禎親子は、観音寺城を捨て退散、ここに近江源氏の名門一族は衰退の一途をたどる結果となった。

この敗戦を目の当たりにした種村高成は、

「あの時、もっと頑強に蒲生殿の力を進言していれば、このような結果は招かなかったものを」

と嘆いた。そして、「せめて領民や吾が家臣だけでも」と決心し、種村城を無血開城して、家臣と領民を戦禍から救ったと、今に伝わっている。

九良兵衛念仏

ある晩秋の早朝のこと。

「おーい皆の衆、たいへんや！　またぞろ山盗人《やまぬすっと》がでよったぞッ。今度は今までと違うてどえらい多数《ようけ》や。みなで採られた柴を取り返さんと、わしらの柴がどんどん無《の》うなってまうぞーぉ」

池田村の若い衆が大声で叫びながら村へ駆け込んできた。その若者は朝早くに村の里山に入って、自分の持ち株分の場所で薪《たきぎ》を集めていたところ、頭上で人の声がするので見上げると、一丁（約一〇〇メートル）ほど上の雑木の間を山上《やまがみ》村（現・東近江市山上町）の若い衆と思われる連中が十数人、腰に消灯した提灯をぶら下げ、どっさり柴を背負って山上村の方へ下って行くのを目撃した。

「えらいこちゃ」

と、柴刈りを中断して村へ知らせに、かけ戻ったという。

たちまち池田村は騒然となった。ここ二、三年というもの、東近江は干魃《かんばつ》や冷害などの天災に晒《さら》されつづけて田畑は荒れ、収穫もままならず日々の食事にもことかく始末になっている。領民の感情も荒々しくなっていた。そういう状況下での今回の山盗人事件がおこったのだ。それも一度や二度のことではない。大切な日々の暮らしを支える燃料《たきもの》をごっそり持ち去られるのだから、たまったものではない。どこの村でも現状は同じである。里山を持たない村もある。こっそりと一束や、二束を炊き出しの足《た》しにするのなら、と池田村では目をつぶってきた。だが、それを良いことに、大勢で押しかけて貴重な燃料をごっそり盗んでいくとなると、事情はまったく違ってくる。厳しい冬の到来が、もうそこまで迫っている。燃料の欠乏は即、村の営みを根こそぎ奪う非常事態でもある。しかもそれは山上村の仕業だというから池田村の怒りは頂点に達していた。

「くそったれッ、山上村の奴らめッ」

「こんな時やさかい、里山が小さい山上村も炊き出しに柴がたらんで難儀しているのやろう、と、今までは大目に見ぬふりをしてきたが、もう辛抱でけん」

「ほうじゃ、堪忍袋の緒が切れた。山上村へ押し寄せて柴を取り返そうやまいかいッ。そやないと気が治まらん」

「ほうじゃ、ほうじゃ」

と血気に逸った若い衆たちは、村の長老たちと相談することもなく、山上村へ押しかけて行った。

その事態を耳にした池田村の村長《むらおさ》・九良兵衛《くろべえ》は、

「し、しもうたーぁ、あいつらを止めややなあかん。どえらいことになるぞッ」

と叫んで、家族の制止も聞かず、家から駆け出そうとしたが、一昨年の冬に患った中風で右半身が思うように動かず、杖《つえ》を握りしめたまま、土間へ、ドテッ、と倒れ込んでしまった。家族に抱え起こされてまた、表戸へ行こうとした。

と、そこへ、村の長老の一人が血相変えて表戸から飛び込んできた。

「九良兵衛はん、え、えらいことですわ。わしらが止めに入るのが遅かった。若い衆らが、山上村へ殴り込んでしもうてな。なんでも、柴刈りをすませて里山から帰ってきた山上村の者らと、村境の墓地の前でバッタリ出喰わして袋叩きにしたそうや。ところが、その内の一人が打ち所が悪うて、死んでしもうて。今、役所から連絡があってなッ」

「な、なんやて！　死人がでたというのかい」

あまりのことに、九良兵衛は全身の力が抜け落ち、その場へ、ヘナヘナとへたり込んでしまった。

「ほれで、うちの若い衆らは今、どこで何をしとるのやい」

「全員、役所へ引っ張られて行きよったんやけんど、今度は山上村の若い衆らが、はっきりした証拠もないのに山盗人呼ばわりしたあげく、死に至らしめるとは何ちゅうこっちゃーぁ、と、役所に押しかけとるそうや」

その長老は顔を硬直させて体をふるわせた。九良兵衛はいまさらながらに悔いた。こうなることは火を見るよりも明らかだった。自分の体が利いたなら、どんなことをしてでも止めに入ったのに。だが、起ってしまった事は仕方がない。あとは如何に事態を収拾させるかである。

「皆の衆、わしを役所まで連れて行ってくれ。いかなりとも穏便に騒動を収めなあかん」

九良兵衛は利かぬ体を皆で支えてもらいながら役所に向かった。役所に着した九良兵衛が目にしたのは、役所の出入り口を取り囲む殺気だった山上村の若い衆たちの姿だった。が、九良兵衛が姿をあらわすと、日頃、「池田村の仏の九良兵衛はん」と呼んで、その人望を慕う者も多く、利かぬ体に鞭《むち》打って九良兵衛が役所の内へ入ろうとするのを支える者までいた。

ああ――、こんな騒動さえ起らなければ――、と九良兵衛はまたも、悔やんだ。

役所の白州《しらす》にはすでに、池田村と山上村の村長や村役人、若い衆の代表数名ずつが、東西に分れて畏《かしこ》まっていた。その他の池田村の若い衆たちは取り敢えず、役所の牢で身柄を拘束されているとのことだった。

九良兵衛が白州に入り、池田村の村長のとなりに座ると、これまでに取り調べた結果が、もう一度、役人より報告された。それによると、この騒動は池田村の里山の柴をめぐる事件からさらに発展して、村の境界争いにまで事が及んでいた。九良兵衛が子どもの頃に勃発《ぼっぱつ》した水争いも、今度の騒動にからめて引き合いに出され、山上村から強い抗議があった。

そうなると事が事だけに、役所の奉行が出座して直々の調停がなされるので、両村ともすみやかに裁決を役所にゆだねて、各村ではその裁許を待つ。その間に私的制裁に及ぶ者あらば、きっと厳罰に処すとの事。

その裁決が下されるまで、騒動に加担した池田村の若い衆たちは役所に留置く、とのご沙汰がくだされた。

そうして五日後の午後、奉行より裁決が両村に申し渡された。

「これは個人的ないさかいで起こった殺人ではない。村と村との境界をめぐる抗争である。それゆえに当奉行所配下の役人立ち会いのもと両村の境界を明確にし、このような不祥事が二度と起らぬようにする。それと同時に、むかしから喧嘩両成敗の決まりがある。この度の抗争は、いかに山上村の者等とおぼしき輩が村の境界を犯し、池田村の里山へ侵入して柴等を盗み取り、再び山上村との境界へ向かったといえども、確たる証拠もなく、池田村の者等によって山上村の村民が制裁を受けて殴殺されたのである。それゆえに池田村からもそれに相当する罪科に服する者を一人、出すのが、順当な裁決である」

たちまち池田村では、その裁決に混迷した。

これを了承しなければ、役所の牢に監禁されている村の若い衆たちは出牢を許されない。

かといって、その内の一人を殺人犯として役所に差し出すこともできぬ。

村では総寄り（会議）をして相談をくりかえした。無情にも日時はどんどん過ぎていくが、妙案を口にする者は誰もいない。

そうして幾日か過ぎたある日ことである。村の総寄りの場へ、九良兵衛が利かぬ右半身を杖で支えながら満面に笑みを膨らませて顔を出した。

「そのお役目は、わしを置いて他に無かろうに。この利かぬ体で家族の者や村の皆に厄介をかけて暮らすのも、もう飽いた」

と告げると、皆に一礼してそのまま杖をつきながら帰って行った。

ところがその日の午後、慣れぬ左手に筆を握って書いたのであろう、家族や村人に当てた遺書を池の縁に残して、九良兵衛は今回の騒動の不始末を一身に背負うと青野の地で帰らぬ人となった。

こうして、この騒動は終止符を打った。

池田村では九良兵衛の命日になると、村人皆が念仏寺に参集し、「九良兵衛念仏」として、百万遍の数珠《じゅず》繰《く》りが行われるようになった。「池代井」の「外村落とし」の崖の上に土が盛られている。それが九良兵衛の墓だといわれている。

現在、村の雁瀬九良兵衛さんが、その子孫である。

忘れた一〇〇両

〝お伊勢《いせ》に参らば、お多賀《たが》に参れ、お伊勢お多賀の子でござる♪〟

という里唄がある。これは多賀大社の伊邪那美大神《いざなみのおおかみ》が伊勢神宮の天照大神《あまてらすおおかみ》の祖神だからである。そんなわけか東近江地方ではお伊勢参りの前に、必ずお多賀参りをする風習があった。

東近江池之脇村、長寿寺《ちょうじゅじ》の俊恵和尚《しゅんけいおしょう》は伊勢神宮参拝に赴く前に、多賀大社の参拝をすまし中山道を南に鏡の宿にたちよった。

ここには、源　義経《みなもとのよしつね》が元服《げんぷく》した伝承される「元服池」や、元服直後に鏡神社で、「源氏再興」を祈願して烏帽子《えぼし》をかけたとされる「烏帽子掛松」がある。

俊恵和尚は首にかけていた頭陀《ずた》袋を、むかしの思いに馳せながら義経が元服した直後にかけたとされる「烏帽子掛松」の小枝にひっかけて神社に参拝した。

この松は義経と弁慶を偲ぶ地元の思いが語り継がれている一つでもある。ちなみに現在この松は、明治六年の台風で倒れたため、株上、二・七メートルを残してその上に仮屋根をして保存されている。

参拝をすませた俊恵和尚は義経や、弁慶の哀れな末路を想像すると、それで頭がいっぱいになり、松の枝に掛けた頭陀袋をそのまま、置き忘れて鏡の宿を出発してしまった。この頭陀袋には金子《きんす》七十三両と、その外に二両二歩の路銀用の金子が入っている。これは村人にかわって伊勢神宮に代参し、授与された護符《おふだ》を村人に持ち帰るための金子であった。

鏡の里を離れてしばらくすると、胸の前がどうもさみしい。ふと胸のあたりに手を当てると、頭陀袋がない。

「おう、しもうた！　忘れたぞ義経判官の烏帽子掛松にじゃ」

俊恵和尚は叫んで鏡の宿に引き返す。


一方、久次郎は一生懸命に農耕に従事していたが、収入少なく一家の将来に不安を覚えていた。そこで妻を実家に預け、江戸の商店に奉公に出、商家としての立身することを決意した。明日出発しようとしたその夜の事、夢に村の氏神が現れて、

「お前は江戸での奉公を考えているようだが、甚だ不謹慎である。江戸へ行っ

て働こうとの決心があれば、その心をもってこの地で農耕に励み、その余暇に土地の産物を商へ」

と告げられたので、翌朝、村の氏神様へいったところ、開くはずがない神殿の扉が少し開いていることに驚き、夢はこの氏神様の御宣託《ごせんたく》と考えて、江戸への奉公を取り止めた。そして久次郎はすぐに家に戻り、寛文《かんぶん》四年九月十六日（一六六四年十一月三日）家で採れた籾《もみ》一俵を銭一貫《いっかん》に替え、その金で編み笠を求めて播州《ばんしゅう》方面に向かって行商に出発した。

その途中、久次郎は、中山道の鏡神社の前を通りかかり、祈願成就にご利益ある神社といわれているので

「お参りしていこう」と

久次郎が参道に入り、ふと、「烏帽子掛松」に目を向けると、その枝に頭陀袋が置き忘れてある。これを見つけた久次郎は、あたりを見渡したが、だれ一人《ひとり》っこいない。

「これはきっと旅の僧の忘れ物であろう。さぞや困っておられるにちがいない。こうしておけば」

参拝を済ませた久次郎は、「落し主に出会えるにちがいない」と、天秤棒の

前側の荷物の先に頭陀袋をぶら下げて歩いていると、向こうから慌てふためいた僧が駆けてきた。

こうして頭陀袋は僧に戻った。

僧は東近江池之脇村、長寿寺の俊恵和尚であった。

「これぞ仏の加護なり。いくばくかのお礼がしたい」

と言ったが久次郎はそれを固く辞退し、そのかわり、

「松居家の家運長久《かうんちょうきゅう》を祈願していただければ嬉しいです」

と願ったという。

のちに俊恵和尚はその喜びを、

〝うれしさを書きおく筆のすえかけて
　久次郎へまもらせたまえ〟

と詠じ、その後これを池之脇村、長寿寺に顕彰《けんしょう》し、絵像を祀った。

これが久次郎の商い始めの第一日目であったという。

この話は人づてに広まり、久次郎は『正直《しょうじき》な近江の商人』としての信頼を得

て、正直・勤勉《きんべん》・質素《しっそ》・倹約《けんやく》を旨《むね》として精励《せいれい》した事から、資産を得、商売の基礎を固めると共に松居家の中興の祖となった。

晩年は「慶心」と号して家督を嫡子《ちゃくし》に譲り、度々高野山に参籠《さんろう》し、貞享《じょうきょう》元年八月七日(一六八四年九月一六日)死去した。

糸脈

彦根のお城では大騒ぎ。藩主の病気である。

ご典医は言うに及ばず藩内の名医に見立てさせても、藩主の病はまったくよくならない。

「どこぞにこの難病を、見立てる名医はおらぬか」

と藩内くまなく探すと、東近江の梅林村に皐《さ》月《つき》宗《そう》玄《げん》と言う名医がいることがわかった。名医としての宗玄の評判は高く、藩内はおろか、彦根のお城にまで知れ渡っていた。

当時西洋医学があまり知られていない時代のことである。宗玄の治療は他の漢方医よりも治療方法は進んでいた。そんな評判が彦根のお城にまでも知られており、彦根のお城の家臣が梅林村にまで宗玄を迎えに来たのだ。

彦根の城に召された宗玄が「お脈拝見」と言うことになった。ところが宗玄

は身分の低い町医者である。殿さまの寝所にそんな町医者を上げるわけにはいかぬ。

「殿のお手を、じきじき触れさすわけにはいかぬ。これで見立てよ」

御殿の奥の部屋から糸の端を持った家臣が、

「この糸の先はお殿さまの手首につながっておる。ソチは名医であろう。これで脈を診よ」

と命ぜられた。いくら名医の宗玄でも、こんな糸の端で脈を診ることができるはずがない。困り果てた宗玄が、ふと庭樹の松の枝に目をやると、先年見立てたことのある庭師が樹の上で、丸めた両手を胸のあたりで下に曲げてネコの所作をしているではないか。

それをみた宗玄は、――この糸の端は猫の手に縛られている――と悟り、

「この糸脈のさきはネコの手にございます。お見立てはとてもできませぬ」

と言ってはみたが、もし、この糸が殿さまの手首に縛ってあれば、ただですまぬ。

「お殿さまをネコ呼ばわりするとは何ごとぞ」

処刑は免れぬ。

ところが糸の先はやはりネコの手首に縛ってあったのだ。

それは庭師が樹の上から御殿の中を見適して、それを知らせたからであった。

「まさに名医よ」

と、宗玄は褒め称えられ、御殿に上げられて、殿さまの治療をしたという。


それからしばらくして梅林村に通ずるあらゆる辻々に道標が建てられた。

それは彦根のお城から迎えに参上する籠が、道に迷って、宗玄の到着が遅れてはならないからだといわれている。

三月の節句をしない村

中羽田《なかはねだ》村の東南に後藤城祉がある。現在残っているのは屋敷の正門《せいもん》があったと思われる石垣の一部だけである。この屋敷の東北にある後藤掘と呼ばれる堀は昭和四、五十年頃までは湧水《ゆうすい》が出て魚が泳ぎ、夏には子供が泳いでいたと伝わっている。

城主の後藤但馬守賢豊《ごとうたじまのかみかたとよ》は鎌倉時代からの名門、近江の守護職・佐々木義弼《よしすけ》に仕える有能な家老であった。賢豊はあまたいる佐々木の家臣団の皆から領主の嫡男《ちゃくなん》、佐々木義弼以上に信頼され、慕われていた。

「領主である、それがしの立場をも揺るがせかねない」

日ごろから佐々木義弼《よしすけ》は、そう心に秘めていた。そこで、

「いまのうちに、その芽を摘んでおこう」

と考えたのだ。

永禄六年（一五六三）三月三日のことであった。

「本日は三月三日、ひな祭りじゃ。姫を囲んで祝いの宴《うたげ》を楽しもう」

但馬守賢豊はひな人形を座敷に飾って、幼い姫と過ごそうと思っていた。それが

「ご相談したき義がある。すぐに登城してほしい」

と佐々木義弼に呼び出されたのだ。

賢豊父子は家臣の三人を警護の供にして、

「直ぐにも戻ってまいる。宴の準備をしておくように」

と命じて屋敷をでていった。

ところが登城の途中、老蘇《おいそ》の森を抜ける一本道まで来たときのことであった。

突然道の両側の木立から太刀を構えた六十余名の武者が湧《わ》き出《で》るごとく現れ、賢豊父子を襲ってふたりの首級を挙げてしまったのだ。

それはおのれの力量のなさに若き観音寺城主の佐々木義弼が、家臣団から信望篤い賢豊父子を妬《ねた》んで、家臣の種村《たねむら》三河守《みかわのかみ》と建部《たてべ》日向守《ひゅうがのかみ》に命《めい》じてだまし討ちしたのだった。

この事件が原因で、京に上《のぼ》らんとする織田信長が鎌倉時代からの名門、観音

寺城に使者を送ってきて、「この信長と組んで、足利義明を将軍に奉じて上洛し、反抗する武将を平定しようではないか。その暁には、貴公を京の所司代の職に任じるがどうだ」と、条件を出し、信長の軍勢が東近江を通行できる許可を願ってきたが、家臣団の意見と結束が乱れ、しかも信長軍の強さを侮《あなど》って、

「田舎侍の要求など呑めぬわ」

と信長の願いを一蹴《いっしゅう》したのだ。

そこで信長は永禄十一年九月二十二日のことである。六万の大軍で東近江に攻め入ってきた。ところが六角軍はほとんど戦わずして其の日のうちに観音寺城も数多あった支城の兵も、戦わずして夜陰に紛れて逃げ去った。その後小競り合い程度の反抗はあったが佐々木一族の復活は二度となく滅んでしまった。

「後藤但馬守賢豊さまがご存命でしたら、こんな哀れなことにはならなかっただろうに」

佐々木一族が滅んだ原因は、後藤但馬守賢豊を亡くして、佐々木一族をまとめる信頼できる家臣がいなかった。それが一因だとされている。

それ以来、城下の中羽田村では、後藤但馬守賢豊の遺徳を偲んで、命日にあたる三月三日の節句の行事は、まったくしなくなった。また、それにくわえて

五月五日の男の節句をもしなくなったという。
現在この村の後藤但馬守賢豊の子孫といわれる後藤正男氏が、この城跡を守っている。

鯰江の池から阿弥陀仏

鯰江《なまずえ》村（現・東近江市鯰江町）に「阿弥陀《あみだ》屋敷」と呼ばれるところがある。

その屋敷の一角にある池から黄金の光がさしていた。

「なんでこんな池《ところ》から……」

村人が光の放つ池の周りにぞくぞくと集まってきた。

「きっとこの池の中に何かがあるにちがいない」

「ほうや。ほうにちがいない」

と集まった村人たちがガヤガヤと話しているところに、一人の長老があらわれた。

「何を、皆して、やいやい騒いでいるんやい」

長老が、

「あれや、あれ！」

と、村びとが指差す先を見ると、阿弥陀池の水面から黄金の光がさしている。

「おう!」

と唸《うな》った長老の脳裏に、幼い頃に、祖父母に聞いたハナシがよみがえってきた。

戦国の世のことである。織田信長《おだのぶなが》の勇将、柴田勝家《しばたかついえ》が鯰江城に攻め寄せてきたとき、観音寺城の佐々木六角《ろっかく》親子を匿《かくま》って、浅井《あざい》の残党や宗教一揆を操って抵抗していた時のことである。この鯰江村に阿弥陀堂があり、立派な阿弥陀仏が祀ってあった。ところが近江で最後まで信長に抵抗していた鯰江城が落城すると同時に、阿弥陀堂は焼け落ち、その時ご本尊の行方も、知れなくなっていたのだ。

「ひょっとして、ほの時、行方が知れなくなった阿弥陀仏が、ここに沈んでおられるのやもしれん」

「みんなを集めて探してみよう」

長老の命令で村人たちは半鐘を鳴らして村人を集める。

こうして村人たちが池の中から、光るものを引き揚げてみると、それは立派な阿弥陀仏像であった。

「こんな立派な阿弥陀さんを、寺もないこの村では、とてもやないけんど、お守りすることなどでけへん」

「どうしたらエエやろう」

「どうすることもでけへん。お寺がこの村にできるまでのあいだ平尾村の東光寺さんにお祀りしてもらうように頼んでみようまいかい」

当時の鯰江村は鯰江城の落城で、村は荒らされ、村人の生活もままならないほどすさんでいる。村には先祖を供養する寺は一寺もなく、平尾の白鹿背山《はっかせざん》東光寺が、村人の願寺《ねがいでら》になっていた。

鯰江村から林の中を通って妹村《いもと》の六丁野を通り園村から平野、平尾の東光寺へ通ずる道が寺道と呼ばれている。

「東光寺へ」

村の若者十人が阿弥陀をかついで林を抜け、寺道を妹村にさしかかろうとした。

その時である。

「おい！　どえろう阿弥陀さんが重《おも》とうなったやんかい」

村を出るときにはさほど重くなかった阿弥陀仏が、村の力自慢の十人でも、とても持ちきれるものではないほど重くなってしまった。

「不思議なこともあるもんや。これはきっと、この阿弥陀さんが東光寺へ行くのを嫌がっておられるのや。ほんで、重たくならはったのや。鯰江村にお帰りになりたいにちがいない」

とはなしがまとまり

「阿弥陀さま、お許しください。鯰江村でわたしたちの手でお祀りさせていただきます」

と、鯰江村に引き返えそうとすると、阿弥陀仏は急に軽くなった。

「やっぱり阿弥陀さんは、東光寺には行きとうないのや」

現在この阿弥陀は、村の専修院に安置されている。

おたまじゃくし

川戸《かわと》でイチローが、洗面盥《せんめんだらい》に放した奇妙な生き物を、杓子《おたま》で掬《すく》って遊んでいた。そこへお婆《ばば》がやってきた。川戸で遊ぶイチローを心配して来たのだろう。

「嵌《はま》らんようにしやいね」

イチローは、今掬って遊んでいる生き物の名前を知らなかったので、

「婆ちゃん、これ！　何《なん》ちゅうトト（何という魚）？」

と尋ねた。するとお婆は、

「ほれはね、トトとは違うのやで。『オタマジャクシ』と言うカエルの赤子《あか》ちゃんや」

イチローは、お婆に教えてもらっても、この生き物がカエルの赤子ちゃんだとはとても信じられなかった。

「ウソや思《おも》ったら、しばらく飼《こ》うてみやい（飼ってみなさい）」

お婆に言われ、イチローは、洗面盥を川戸に置いて、しばらく飼ってみることにした。

その夜、イチローはお婆からおたまじゃくしと、お多賀の神様のハナシを聞いた。

田植が終わった田んぼで、カエルの子が泳いでいると、ナマズの子どもとドジョウの子どもが泳いできた。

「おい、キミたち」

カエルの子は、ナマズとドジョウを呼び止めた。

「ちょっと教えてほしいのやけんど、ぼくはキミたちと同じ、ナマズさんやドジョッコさんに見えるかい？」

とたずねた。

ナマズの子どもとドジョウの子どもは顔を見合わせて、

「いやだー、ぜんぜんちがうよ」

とおかしそうに笑い、

「だいいちキミには、ヒゲがない」

「それにキミは泳ぎが下手《へた》やろう」

しばらく三匹は、「どこが、どう違うのか」と議論しあっていると、ピカッ、ドーン！　と大きな音がして、天から田んぼの畦に、雲に乗ったカミナリがおりてきた。

びっくりした三匹が、カミナリを見上げると、

「雲の上から下界を覗いていたら、頭を突き合わせて、話し合っているのが見えたそれで、何を話しているのか知りたくなって、ここに降りてきた。困りごとがあるなら言ってみろ」

カミナリは頭に二本の角《つの》のある、大きな赤ら顔に笑みをうかべて三匹の顔をのぞき込んだ。

三匹はこれ幸いとカミナリに、

「カエルの子どもは何者か、と議論していたのです」

と訴えた。するとカミナリは、

「ワッハッハ、そんなことかい。ほんならそれ、あの多賀の大社《おおやしろ》に鎮座する神さまを訪ねるが良い。すぐにお前たちの悩みを解決してくだはるぞ。なんせ、あの伊邪那美命《いざなみのみこと》はこの下界を創った女神さんで、天照大神《あまてらすおおかみ》の母神《ははかみ》さんやから

の」

　そういって、カミナリは三匹が乗れるお椀の舟をこしらえて、

「さあ、この雲舟は乗り手が命じるように動いてくれる舟じゃ。さ、行きなさい。そして、多賀の大社に着いたら、口をそろえて大きな声で女神さまを呼べば良い」

　カミナリは水面に雲舟を浮かべ、

「それ、多賀の大社へ出発じゃ」

と命じた。雲舟は水口を逆流して多賀の大社に向かってスーイ、スーイと小川さかのぼった。

　速い、速い！

三匹が辺りの様子を眺めているうちに多賀の大社の泉に到着した。

そして、カミナリから教えてもらった通り、大声で、

「伊邪那美の女神さま、伊邪那美の女神さま」

と本殿に向かって呼びかけた。すると光の玉が空中を飛んできて泉の縁までやって来た。そして、光の玉はスーと女神さまの姿に変った。

「ひやー、伊邪那美の女神さまだ！」

三匹は雲舟の端に鎮座した。

「わたしを呼ぶのは、おまえたちか?」

女神さまは三匹に尋ねられた。

「は、はい。女神さま、この世でわからないことがあったら、お多賀さんの女神さまに聞くが良い、とカミナリさんに教えてもらったので訪ねて参りました」と答えた。

「それはよく来ましたね。わたくしの知恵をいただきたいと言うからには、分からない事があるのね」

カエルの子は女神さまに聞いていただけると、うれしくなり、

「ぼくは本当にカエルの子どもなの? だったら女神さま、どうか、ええ(よい)名前を付けてくださいませんか」

と頼み込んだ。

「なるほどね、ではその前に、おまえに良い体験をさせてあげましょう」

女神さまは右手に持っていた榊《さかき》の一枝で、雲舟のカエルの子どもの体を、ひと撫でされた。すると、カエルの子どもの体がどんどん大きくなり、両腕、両脚が生えだして手と足の指の間に水かきができ、尾ヒレが無くなって、すっか

り大人のカエルになった。

「さ、これでわかったでしょう。おまえは今体験したとおり間違いなく、カエルの子どもですよ。しかもおまえは、子どもの頃はナマズやドジョウのように水の中で生きられ、大人になれば陸でも生きられる。二つの生き方ができるのはおまえだけですよ。すばらしい生き物なのですよ」

ほめられた。そうして女神さまは、

「そうですねーぇ、あなたの呼び名ねーぇ」

と、しばらく天を仰いでおられたが、ポンと両掌を打たれて、

「この多賀の大社で使用するお玉、つまり杓子に似ているので、子供のころは『お多賀杓子《たがしゃくし》』(注1)と名乗るが良い」

と智恵をくだされた。

「みんなからオタガシャクシと呼んでもらえばええんやね」

カエルの子どもは大喜び、雲舟から空中へ何度も飛び跳ねて、女神さまに感謝した。こうして他の生き物たちからも「おたがしゃくし」と呼ばれるようになり、時代が下るにつれ、いつの頃からか、「おたまじゃくし」と呼びかえられて、全国にひろまった。

注1・お多賀杓子

今から千三百年さかのぼる第四十四代・元正《げんしょう》天皇（七一五〜七二四）が病気になられた。そこで近江の多賀神社の神職が天皇の病気平癒《へいゆ》を祈願して、ケヤキの樹で杓子を作り、強飯とともに献上したところ、たちまち天皇の病が全快した。そのころの精米技術は未発達で、ご飯は玄米を焚いたように硬くてパラパラとこぼれる。そこで、お玉の部分を大きくくぼませ、柄《え》を湾曲させた特徴のある形であった。いまのお多賀杓子は、現代の米飯に合わせた実用的な「ご飯杓子」が大半になったが、お守りとして飾るための杓子も多賀には置いてある。なお、多賀大社の西にある「飯盛木《いもろぎ》」には、帝に献上した杓子を作った残枝を地に差したところ根付いて大木になったと伝えられる、男飯盛木と女飯盛木の欅《けやき》が現存する。「お伊勢は七度、熊野へは三度、お多賀さんへは月参り、お伊勢参らばお多賀へ参れ、お伊勢お多賀の子でござる」との俗謡がある。「お多賀の子」とは、天照《あまてらす》大神が多賀の伊邪那岐命《いざなぎのみこと》・伊邪那美命両神の御子であるためだ。

金堂の地名の謂れ

ある日、琵琶湖の東岸近くの里が、大騒ぎになった。

「ひえッー、どえらいこっちゃ！　みんな集まってくれ！」

里長《さとおさ》が集会所に里人を集めた。

「ど、どないしたのや！」

「何がおこったのや」

里人たちがワイワイ言い合いながら集まってきた。

「皆の衆、えらいことになったぞ。聖《しょ》ッ、聖徳太子《しょうとくたいし》さんが、ここにお立ち寄りにならはるちゅうこっちゃ。ほんでな……」

里長は一息ついて、ハナシの先を続けた
「先日、この辺りをお通りにならはった時に突然、黒《くろ》い雲《くも》が空をおおい、雷《かみなり》と雹《ひょう》にみまわれて難儀していやはるのを、不動坊という坊さんが助けやはったそうや。ほんで、その時のお礼方々、今一度、『仏の御教《みおし》えを請《こ》いたい』との思いで、ここにお立ち寄りになられるそうや。その先触れが今しがた、あってな」

「ほういえば、……それは三日前の出来事やった」

里人たちは互いに顔を見合わせ、

「あの日はよう晴れとったのに、突然、湖《うみ》の方から真っ黒い雲が巻き上がったかと思うたとたん、あっちこっちに、どえい雷《かみなり》が落ちよったわな」

「しかも、幼子《こども》の握り拳《こぶし》ほどの雹《ひょう》まで降ってきよって、田畑に出ていた者《もん》は皆《みんな》、慌てて逃げ帰ったのやけんど、ほれが突然、黒雲がパーッと消えてしまいよって、みな呆気《あっけ》にとられとった。それが、わしらの里のえらい坊さまの法力で天気がいっぺんに変わったということかいな」

「知らなんだなーぁ」

「ほうか、ほんなことがあったのか」

だがその肝心の不動坊のことは、誰も知らない。しかも、あと一時《いっとき》(二時間)もすれば、聖徳太子の一行が、この里にお見えになるという。

「ほれにしても、妙なはなしや。こんな小さな里に、ほんな、どえらい坊さんなんぞいやはるはずもないのにな……?」

里長は首をひねるばかり。里人たちも顔を見合わせては、あーでもない、こうでもないと言い合っていた。と、その時、末席にいた一人の若者が、

「あのー、里長さま」

と声をかけてきた。

「うん、どないしたのやい」

里長は若者を見た。すると、若者は自分のデコをポンと叩いて、

「ほの坊さんというのは、ほれ、きたない成《なり》をして、時折この辺りをうろつく、行者さんのことやないのかな」

と、口にした。

「なに！　時おり、ササ(酒)をねだっていく物乞い行者のことなのかい。いやー、ほれはないやろう。あんな汚い、酔いどれ行者が、太子さんを助けるほどの法力を持ち合わせているとは、とても思えん、が、いや、ひょっとすると……」

村長は額に手を当てると、宝形造りの建物に大事に納めてある黒金(銅)造りの筒のことを思いだした。それを急いで取り出してきた。村長は聖徳太子にそれをお見せしようと考えたのだ。

その筒は三年前、里の住人が増え、わが家だけでは手狭《てぜま》になったので、皆が

集える集会場をこしらえることになった。その工事の途中に偶然、出土したのが、この筒であった。里の言い伝えでは、「先祖は海を渡って来た一族で、里を護る大切なモノをこの里の何処《いずこ》かに埋め、もしや、それを掘り出しても、この蓋《ふた》は開けてはならぬ。中身をみれば目が潰れ、里に災いがふりかかる」とのこと。そこで筒が出土したその敷地に小さな建物を建て、それを大切に保管してきたのだった。

その筒が発見された頃からである。粗末な衣服を身にまとい、髪も髭《ひげ》ものび放題、里人の家の前に立つと、手にした杖を打ち鳴らし、「ササをくれ」とねだる行者が現われるようになった。

里の者たちは、その風体があまりにもボロイので、「物乞い行者」と呼ぶようになっていた。ところが、里の者たちが行者の願いを叶えてやると、行者はササで喉を鳴らして美味そうに飲み、

「どうれ、体の案配《あんばい》(貝合)が悪い者はおらぬか？　困り事のある者はおらんか？」

と尋ねては、それらをたちどころに解決してくれるのだった。流行病《はやりやまい》も天災もどうしたわけか、この里には無縁であった。そこで、里人たちは嫌がらずに、

この行者の願いを叶えてやっていた。

やがて、聖徳太子一行がお着きになった。

里長も里人たちも大慌てで太子をお出迎えした。

「この里に立ち寄らせていただいたのは、不動坊さまにお会いするためです。いずこにおられますか？」

太子は里長に尋ねられた。

「いや、それが、そのーォ……」

太子を前にして里長は緊張のあまり、どう説明してよいやらと平伏したまま、まごまごしていると、胸の前に抱きかかえていた例の筒が、スルリと両手から滑り落ち、太子の膝元までコロコロと転がった。そして、パカッと筒の蓋が開き、五寸（約一五センチ）ほどの金の像と巻物が飛び出したではないか。蓋を開けると目が潰れる、と言い伝えられてきた代物である。

「ああっ、どえらい事に、な、なってしもうた！」

里長がとっさに中身を掻《か》き集めようと手を伸したところへ、太子がそれらを両手で拾い集められたから、里人は腰をぬかさんばかりに仰天した。

「あわわー、太、太子さま、それらを早く、お離しくださりませ。お目が潰れますする、災いが、災いがふりかかります。お早く、お離しくださりませ」

里長は必死に叫んだ。里人も恐怖の形相でオロオロするばかり。

ところが、太子は平然とそれを眺められると、

「なるほど、この仏の像が、あの日、雷と雹から、わたくしたちを救ってくださったのですね。これは皆が恐れるようなモノではありません。経筒といって、ありがたい仏の言葉を書き留めたお経が納められているもので、悪しき方位の土中に埋め、仏の加護を祈るモノなのです。して、これはどこで見つけられたのですか?」

と申された。

里長と里人は、その場に平伏して、その経筒の由来と出土した時の様子をはなし、そしてその後、汚い行者があらわれるようになった経緯を述べると、

「そういうわけでしたか。なれば、この仏像が化身して不動坊となり、この里を護り、わたくしたちをも災難から救うてくださったのでしょう。さ、皆で手を合わせましょう」

太子はそう皆に告げ、経を唱えられた。すると、その像は皆の前で身を震わせて神々しい光を放ったかと思うと、行者の姿になり、次に不動菩薩の姿になっ

た。聖徳太子はその不動菩薩を拝されると、この里に「金堂」、つまり「不動堂」を建立され、この地を「金堂《こんどう》」と呼ぶ、地名の由来であると伝わる。

時が過ぎ、不動堂は朽《く》ちたが、宝治元年（一二四七）、浄栄法師が、この地に寺を再興し、「不動院浄栄寺」と号して現在《いま》に至っている。

父の知恵

わたくし事で恐縮だが、少年時代に体験し、感心させられた父親の知恵のエピソードがあるので、それを紹介しよう。

早いもので、あれから七十年が過ぎた。

当時、父親は農業の傍ら、祖父《そふ》が創業した駄菓子屋《だがし》を引き継いで商《あきな》っていた。

店舗は平屋瓦ぶきで母屋《おもや》の西側にあった。中一色村《なかいっしき》の大道《おおみち》に面していたが間《ま》口《ぐち》一間半、奥行二間の小さな店だった。店の傍らには赤い郵便ポストがあり、切手やハガキも商っていた。祖父の名前を「岩吉《いわきち》」と言い、屋号は「菓子岩」で、村人からは「菓子岩さん《かしいわ》」と愛称されていた。子供のころの耳には、それが「カシワ屋《や》さん（鶏肉を商う店）」と聞こえて、ちょっぴり嫌であった。

我が家には自転車が二台あった。父親が行商にでる太いタイヤのついた業務用の自転車と、もう一台は予備として置かれた一般用の自転車だった。それを母親がちょくちょく乗っていた。父親は菓子箱に駄菓子を詰めて荷台に積み、近郷の村々はいうに及ばず、遠くの村にも行商をしていた。そんな訳で、父親は自転車を大切に扱っていて、二台ともピカピカで新品同様だった。

ところが昭和十六年十二月八日、航空母艦《こうくうぼかん》六隻を主体とする日本帝国海軍機動部隊が真珠湾《しんじゅ》を奇襲し、第二次世界大戦に突入すると、「贅沢《ぜいたく》は敵だ。欲しがりません、勝つまでは」のスローガンのもとに、贅沢品とみなされた駄菓子の店売りも、行商も成り立たなくなった。やがて父親は、「戦争が終わったら、また行商するので、この自転車だけは大事にしておくんやぞ」と言い置いて朝鮮半島から徴用《ちょうよう》されてきた人々の監督官として九州の赤坂炭坑《あかさかたんこう》へ赴任していった。

開戦時は連戦連勝していた日本軍であったが、ミッドウェー海戦の大敗を機に戦況は一変し、敗北続きの消耗戦に突入、物資が不足する事態に陥った。すると、

「飛行機や軍艦を作るための金属類が不足している。それぞれの村や家庭にある金属類を供出せよ。お国のためや」

とお触れがでた。

村では代々大事にお守りしてきた檀家寺《だんかでら》の釣鐘や村祭りの鐘、仏具や金火鉢《かねひばち》

や火箸、五徳や枕刀《まくらがたな》、自転車などの金属類を供出することになった。

「おまはんとこ（あなたのお宅）は、自転車が二台もあるほん。お国のためや、ぜひとも供出《きょうしゅつ》しておくれやす」

と頼みこまれたが、母親は金属の火鉢や、仏壇のリンなどは供出したものの、自転車だけは、「おとうさん（夫）が大事にしてきたモンや。どんなにお国が非常時やというたかて、これだけは供出でけません」と、ガンとして譲らず、「おまはんは、非国民《ひこくみん》や」と言われながらも、二台とも自転車は供出しなかった。

こんな銃後《じゅうご》の努力も空しく、昭和二十年八月十五日、日本は敗戦。イチローが国民学校五年生の時のことであった。幸い内地の九州にいた父親は、まもなく復員してきた。

それからしばらく経った、ある日のこと。

イチローは父親に連れられて八日市に向かっていた。父親は業務用の大きな自転車を、五年生にしては大柄なイチローは、もう一台の自転車に乗れた。

戦時中、八日市には軍用の飛行場があった。

「いま、飛行場はどんなになっているのか寄ってみよう」

父親の後について飛行場に来てみると、戦時中、衛兵《えいへい》が直立不動で立っていた正門も壊されて、その門の一部のレンガが辺りの溝《みぞ》にまで散らばっていた。場内は、兵舎が廃墟になっており、二百二十機もあったといわれる軍用機のほとんどが進駐軍（米兵）によって燃やされたのだろう、焼けた残骸がガレキとなって散乱していた。

「これが、今の日本の姿や」

父親は涙ぐんでいた。

「太郎坊《たろうぼう》さん(注1)は戦勝の神さんやが、みんなの信心がたりなかったのか、日本は負けてしもうた。これからどのようになるのかわからんけんど、せめて家族みんなが幸せに暮らせるような世になることを願ってお参りしよう」

ふたりは半里ほど（約2キロ）先の太郎坊宮にむかった。麓の一角に自転車を止め、赤神山の麓からほぼ一直線に七百五十段余ある石段を駆け上がると、高さ数十メートルの岩がある。この大岩は真中が神力によって左右に開いたといわれ、向かって左の夫岩と女岩の道幅が約八〇センチ、長さ十二メートルの通路になっている。夫婦岩とも呼ばれるその大岩は、「嘘をついたり、悪いことをした者がここを通ると、左右の夫婦岩に挟まれて下の谷に放り投げられる」との伝説があった。これまでにもイチローは幾度かここを通ったが、その度に、やましいことがあったのか、胸騒ぎをおぼえるのだった。そこを通り抜けると、眼下の湖東平野から鈴鹿山脈まで一望できる展望台がある。その目の前が本殿だ。

イチローは大好きな父親が戦死も戦傷もなく無事に帰ってきたので、それがうれしくて感謝の気持ちを込めて手を合わせた。

その帰り道、八日市の商店街にたちよった。戸板の上に野菜や日用品などが雑然と並べてあった。その傍らで白い衣服に軍帽をかぶり、松葉杖によりかかって、アコーデオンを引く片足の男の人がいた。

「戦争で足をなくさはった気の毒な人や」

父親は松葉杖の前に置いてあった小さな白い箱に小銭を入れた。

その人は凛《りん》と身を起こして敬礼をした。

秋の陽は沈むのが、早い。

「こらあかん、はよ帰《い》なんと暗《くろ》うなる、自転車を速めるぞ。お父さんを見失わんように、しっかりついてこいよ」

父親は自転車にまたがり、勢いよくペダルを踏む。そのスピードはグングンあがる。父親の背中が遠のきそうになる。

イチローはそれに遅れまいと必死にペダルをふんだ。

八日市から愛知川《えち》の御河辺《みかべ》神社前の橋を渡って岸本《きしもと》村を過ぎると、三角野《みすまの》の森である。そこまで戻ってくると、あたりは薄墨を流したように暗くなった。

この森は深くて広い。森の真ん中を幅一間《けん》（一八〇センチ）足らずの林道が一直線に岸本村から池庄村に通じている。その両側には雑木が生い茂り、森に入った途端、わずかな光も遮《さえぎ》られて目の前が真っ暗闇《くらやみ》になった。その日は月明りも星明りもない。しかも当時の自転車には前照灯がなかった。

暗闇《くらやみ》がイチローを包んだ。前を行く父親が踏む。ペダルの音だけは、ギーコ、ギーコとする。だが、その姿は全く見えない。

その時だ。森の奥から、「コーン、コーン」と、キツネのなき声がした。

イチローはたちまち不安になった。

この森には不気味な噂があった。美しい女に手招きされて、あとを付いて行った若者が、そのまま行方知れずになったとか、夕暮れ時、ここを通って家に帰ったはずの村のおっさんが風呂に入ると変な臭いがするので、「なんでや！」と周囲《あたり》を見わたすと、野壺（人糞を肥料にするため熟成させる壺）に浸かっていたなど、不気味なウワサが絶えないところだった。

「このままキツネかバケモノに、どっかへ連れて行かれるのかも知れん」

イチローはこころが萎《な》えてきた。

「怖いよう、お父さん。何《なん》も前《まえ》が見えへん。どないしたらええんや」

震える声で叫んだ。

すると、父親の大きな声が闇を押し退けて飛んできた。

「前ばっかりを見ているからあかんのや。上を見てみい。ほうしたら走る道が見える」

イチローは父親が言う理由《わけ》がわからぬまま、ハンドルを握りなおして天空に目を向けた。そして、「あっ」と叫んだ。

なんと、頭上の夜空が帯状に青白く伸びているではないか。

道の左右の雑木は漆黒の闇の壁を作ってはいたが、その上は青白い夜空が頭上に道を作り、森の出口へと一直線に伸びているではないか。

「そうか、これが道か。見えた！」

と、イチローは大きな声でいった。

「そうや。ほの（その）天井に見える白い道どおりに、走ったたらエエのや」

父が言った。

幸いこの夜の林道は、踏みならされて凸凹や浮き石が少なかったようで、さほどハンドルを取られることもなかった。それに恐い怖いと思っていた恐怖心も、必死にペダルをこぐうちに消えていた。

こうしてイチローは、父親の知恵に感服しながら暗い林道を無事に通り抜けることができた。

その後、イチローは『平家物語《へいけものがたり》』の巻九「三草合戦《みくさかっせん》」(注2)を読む機会があった。そのくだりに、平家を滅ぼした源義経が、夜道が暗いと松明《たいまつ》代わりに街道沿いの人家《じんか》に放火をしたり、山野の樹木に火を放って明りを得て軍を進め、夜襲して平家軍に勝利したというくだりである。

「義経は源平盛衰のヒーローやけんど、家を燃やされた人々はたまったもんやない。ほんな(そんな)無茶な義経の策謀《さくぼう》よりも、お父さんの知恵の方がずーっと凄《すご》かったかな」

イチローはちょっぴり父の知恵を自慢に思ったものだった。

注１・太郎坊宮

近江鉄道の八日市太郎坊駅から北へ約一・一キロ、標高三五〇メートルの赤神山《あかがみ》の中腹にあり、「太郎坊さん」の名で親しまれている。約一四〇〇年前に創始されたと伝えられ、勝運・厄除・開運・商売繁盛に御利益があるといわれる。天照皇大神の第一皇子神、正哉吾勝勝速日天忍穂耳尊《まさかあかつかちはやひあめのおしほみみのみこと》が祀ってある。途中に願かけ殿や岩で刻んだ七福神がある。まっすぐのびた石段を登っていくと、古代信仰の名残りをとどめた本殿にたどり着く。本殿の周りには磐座《いわくら》と呼ばれる巨岩、怪石が散在している。本殿前の「夫婦岩」とよばれる巨岩は、神力によって左右に開いたという説がある。名前の如く夫婦和合や縁結びのご利益があるといわれる。本殿前に展望台があり、四季折々に移り変わる蒲生野の景色や、東には鈴鹿連峰を始め、天候の良い日には青山高原、南には甲賀・湖南地域、遥か奈良県の山並、西には比叡山や琵琶湖等の景観が楽しめる。

注２・三草合戦

義経の陣屋で、「平家はここから三里（十二キロ）離れた三草山《みくさ》の西の麗に陣を控えているということだが今宵、夜討ちをかけるべきか、明日の合戦にて決着をつけるべきか、どちらと思うか」との軍議に、「平家の勢は三千余騎、それに比べてお味方は一万余騎、はるかに有利でございましょうが、明日に延ばせば平家に援軍が参ります。夜討ちが利と心得ます」との意見に策は決まった。ところが、「軍を進めるには暗がりだけはどうにもなりませぬ。如何になされます」と口々に申したので、義経は、「例の大松明《おおたいまつ》はどうじゃ」と言った。すると兵どもは「そうそう、その手がありましたな」と笑いながら相づちをうつ。大松明とは、文字通りの大きな松明ではない。街道沿いの小野原の民家に火を放ち、その明りで山を越えていく。またも暗くなったら次の民家に火をつける……。野にも山にも草にも木にも火を放ったので闇夜も昼にも劣らぬほどになり、全軍は三里の山道を越えた。

一方その夜の平家の軍は「戦場で眠気に襲われるようでは情けない。今夜はぐっすり眠って明日の戦に備えよう」と、ある者は兜《かぶと》を枕に、ある者は鎧《よろい》の袖や箙《えびら》を枕にして熟睡していた。そこへ源氏が攻め込んできたのだ。弓を取る者は矢がわからず、矢を取る者は弓がわからない。あという間に五百余騎が討たれ、多数の負傷者をもだして逃げ去った。

「今日のハナシはこんで、おしまい。
あれ？　聞《き》いとったと思《おも》うたら、居眠りしとる。
カゼひっきょたらあかん」
お婆は、イチローの背に、そっとネンネコを掛けた。
外は、いまだ雪。

（完）

【ご協力】
八日市図書館
湖東図書館
蒲生図書館
愛東図書館
永源寺図書館
五個荘図書館
能登川図書館
先輩諸氏他

あとがき

ふるさと滋賀県湖東地方の風景が大きく変わり、昔からの伝統や人々の暮らしを残す風景がほとんど消えました。こうしたことに大変心を痛め、豊かな自然の中で語り受け継がれてきた民話や伝承ばなしを何とか残していこうと、自らの力量をも顧みず、二十数年前から子供の頃に聞いた昔話を思い出しながら書き始めたのが、この「お婆の囲炉裏ばなし」シリーズです。

平成十九年に第一編を刊行し、立て続けに第二編、第三編、そして平成二十五年には第五編を刊行し、毎回三十話ずつ、計百五十話の昔話を収録できました。当初の目標には達しましたが、まだまだ各地で採録したものや、私が聞き覚えていたものもあり、今回また三十編を収録して第六編として刊行しました。いつもながら多くの方々のお力を得てのことでしたが、まだもう少しまとめ続け、地域の歴史や暮らしぶりが語り継がれなくなった現在、ささやかながら本書によって人々の息遣いを感じていただけることを念じています。今回もまたサンライズ出版様にお世話になりました。刊行にあたってご指導ご協力いただきました皆様にただただ感謝申し上げます。ありがとうございました。

ちょんちょんの手
お婆《ばあ》の囲炉裏《いろり》ばなし　第六編　全30話

令和元年７月31日発行

著　者／平 居 一 郎　　挿　絵／中 村 帆《はん》 蓬《ほう》

発　行／株式会社アトリエ・イオス
京都市山科区北花山横田町19番地20
TEL075-591-1601　〒607-8475
URL　http://www.at-eos.co.jp/
E-mail　eos@khaki.plala.or.jp

発　売／サンライズ出版
滋賀県彦根市鳥居本町 655-1
TEL0749-22-0627　〒522-0004

印　刷／サンライズ出版

ISBN978-4-88325-663-1